LE YACHT EUXÈNE

SUR LES COTES DE SARDAIGNE

ET DE CORSE

PAR

Ch. DUFOURMANTELLE

Ancien Archiviste de la Corse.

AJACCIO

LIBRAIRIE DE PERETTI.

—

1894.

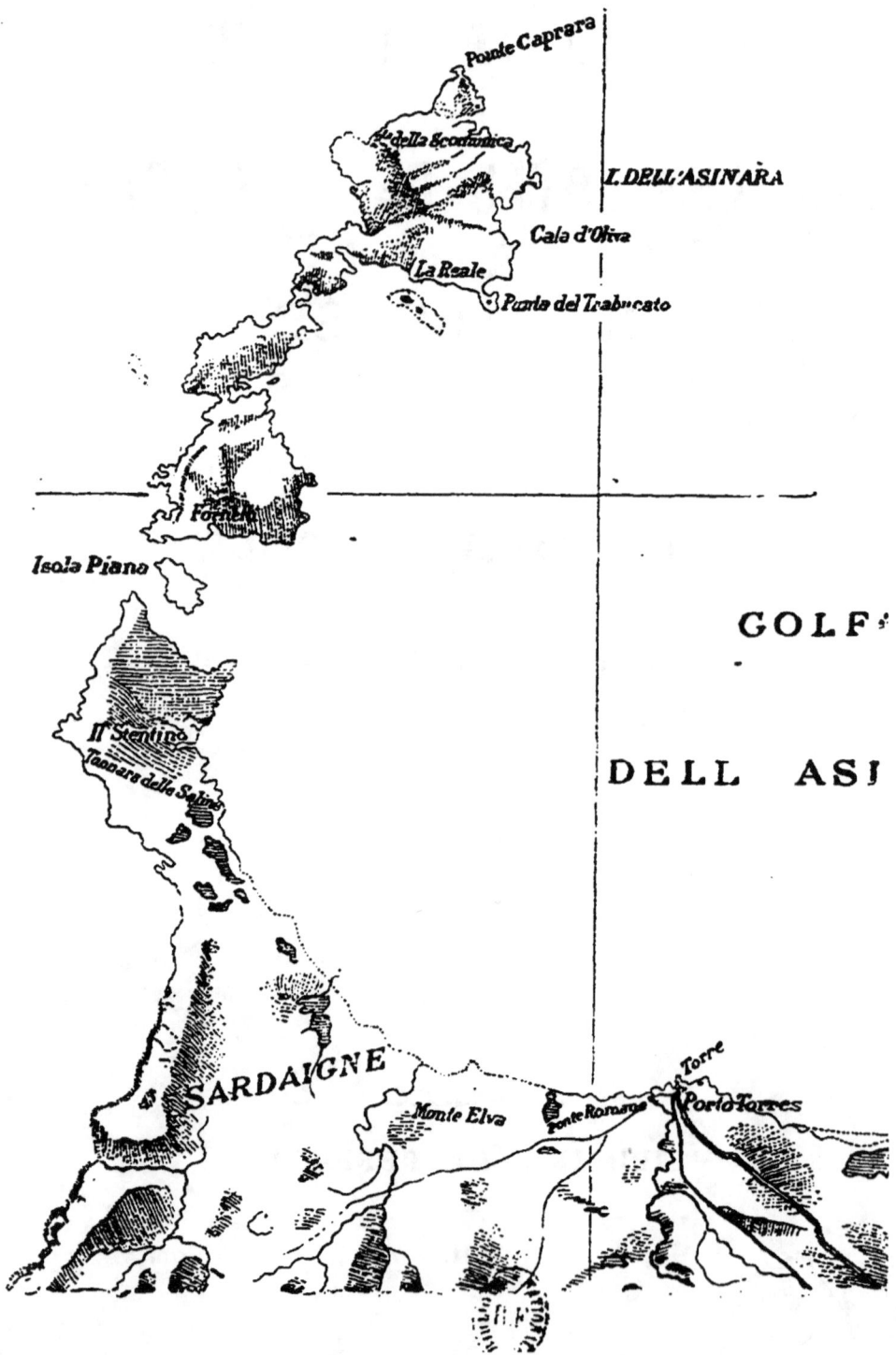

Ponte Caprara

della Sconunica

I. DELL'ASINARA

Cala d'Oliva

La Reale

Punta del Trabucato

Fornelli

Isola Piana

GOLF:

Il Stentino

Tonnara della Salue

DELL AS!

SARDAIGNE

Monte Elva

Ponte Romano

Torre

Porto Torres

« L'Euxène » sur les côtes de Sardaigne

L'ASINARA — SASSARI — LA PÊCHE DES THONS

Sous le beau ciel d'Ajaccio. par de radieuses et ensoleillées journées d'hiver. lorsque la transparence de l'air est complète grâce à de légères brises du Nord. on aperçoit de la place du Diamant. à l'horizon lointain. dans la direction S. S. O. du monde. un léger amas vaporeux aux bords estompés qui semble flotter à la surface des eaux tranquilles ; c'est l'île Asinara.

Depuis de longues années. je désirais visiter cette île peu connue, peu fréquentée. dont certains vieux marins. contrebandiers sans doute dans leur jeune temps. m'avaient fait de séduisantes descriptions.

Toutefois, me fiant à des renseignements erronés. j'hésitais longtemps à entreprendre cette excursion : on m'assurait en effet que le gouvernement italien ne permettait pas qu'on s'approchât de l'île, d'abord parce qu'il y avait établi un pénitencier agricole pour les condamnés aux travaux forcés, et surtout parce que. continuant la mise à exécution de ses projets de défense du nord de la Sardaigne, il y avait fait commencer, à l'abri des regards indiscrets, d'importantes fortifications.

Je résolus cependant cette année d'aller à l'Asinara ; si l'on me refusait l'autorisation de débarquer, je n'aurais après tout qu'à mouiller en rade, et, dans le cas où le temps serait mauvais, à attendre une embellie pour mettre le cap sur Porto-Torrès.

Le printemps venu je fais mes préparatifs de départ. Mon vieux camarade de mer, M. Louis B. C., veut bien cette fois encore m'accompagner, heureux d'aller revoir après tant d'années ses parents maternels qui résident en Sardaigne.

Nous allons entreprendre notre premier voyage au long cours, cinquante sept milles à parcourir au large ; devenus tous deux meilleurs manœuvriers à la suite de nos nombreuses excursions en mer nous jugeons suffisant de n'adjoindre qu'un homme d'équipage à Antoine, le marin de l'*Euxène*.

Le mercredi 16 mai 1894 nous levons l'ancre à neuf heures du soir, comme il a été convenu, bien que le ciel soit couvert et qu'il pleuve même légèrement. Le baromètre marque 762 mm, le thermomètre est à 17 degrés ; le vent, qui d'abord souffle de l'ouest par rafales, diminue peu à peu.

A deux heures du matin nous arrivons à l'extrême pointe méridionale du golfe d'Ajaccio où nous restons en calme jusqu'à quatre heures environ. Nous ressentons alors quelques rafales de S. S. O. ; puis tout à coup une grosse pluie nous inonde. Comme nous sommes près de terre il est urgent de virer de bord pour prendre le large ; dans cette manœuvre, exécutée au milieu d'une nuit profonde, la brigantine toute trempée adhère à la balancine sous le vent et se déchire. Mouillés jusqu'aux os nous trouvons que notre excursion commence sous de fâcheux pronostics, et que ce n'est point là un temps propice à un voyage d'agrément ; c'est pourquoi nous laissons arriver en grand et rentrons dans le golfe d'Ajaccio.

Le vent tombe, la mer calme ; nous en profitons pour nous reposer un peu après avoir fait flamber un punch qui nous ragaillardit.

17 Mai. — Vers sept heures du matin nous sommes au milieu du golfe ; nous croisons un torpilleur de la défense mobile qui part pour Bonifacio. Comme le temps paraît se remettre nous tenons conseil : le baromètre est légèrement en hausse, nos provisions sont faites, mon camarade de voyage ne peut disposer que de quelques journées ; tout bien examiné, il convient de repartir. Aussitôt dit, aussitôt fait : et, profitant d'un faible souffle de N. O., nous reprenons le large.

A onze heures dix nous doublons pour la seconde fois Capo di Muro ; trouvant alors la brise du nord, nous descendons vent en poupe le long de la côte chercher un bon mouillage où nous puissions passer tranquillement la nuit. A quatre heures du soir nous jetons l'ancre dans le port de Tizzano.

Tizzano est un bon mouillage bien qu'il y ait peu d'eau dans le fond. Ce port est fréquenté par des voiliers qui viennent y faire des chargements de charbon de bois à destination de Marseille ; pour le moment nous n'y rencontrons que quelques barques de pêche d'Ajaccio et de Bonifacio. Sur le rivage on aperçoit quatre ou cinq maisons habitées par des charbonniers et des pêcheurs ; à la pointe nord se dresse un vieux fort qui sert encore aujourd'hui d'habitation et de magasin, et à propos duquel un de nos marins nous a raconté l'histoire suivante.

« Il y a plus de trente années, dit-il, je me trouvais ici à bord d'un voilier venu pour prendre du charbon. Or, quelques jours auparavant, à la suite d'une affreuse tempête, un navire portant un chargement de bougies et de denrées coloniales était allé à la côte sur les rochers de Tizzano. Nous pûmes, mes camarades et moi, recueillir une grande quantité de caisses remplies de marchandises ; ne sachant où cacher toutes ces richesses sans que la douane eût vent de l'affaire, nous offrîmes à un paysan, qui était alors propriétaire du fort, de partager avec lui nos bénéfices à condition qu'il garderait les marchandises dans le fort et qu'il les écoulerait peu à peu à Sartène sans donner l'éveil. Le paysan promit tout ce qu'on voulut : puis, une belle nuit, en notre absence, il transporta tout le dépôt à Sartène et le vendit. Quand nous vînmes réclamer notre part, il nous mit à la porte, jurant par tous les saints du paradis qu'il ignorait ce que nous voulions dire. Nous étions volés, mais que faire ! »

J'essaye sur le pont de l'*Euxène* de démontrer la haute moralité de cette histoire ; mais tous mes arguments philosophiques ne peuvent calmer les amers regrets du marin, qui soupire encore, au bout de trente années, en pensant à cette fortune si promptement acquise et non moins promptement envolée.

Comme les journées sont longues en cette saison nous avons le temps, avant la nuit, de prendre une petite friture pour notre dîner.

18 Mai. — Ce matin, en attendant la brise, nous retournons à la pêche. A sept heures quarante cinq minutes nous rentrons à bord et donnons le signal du départ. La mer est belle, le ciel est clair ; le baromètre légèrement en baisse marque 761mm ; le thermomètre est à 20° ; le vent souffle du nord, petite brise. Nous mettons le cap sur la pointe Trabucato de l'Asinara, au S. 48° O. du compas ; distance à parcourir : trente-huit milles.

A onze heures cinquante nous apercevons les côtes de l'Asinara ; le vent se met à l'O. N. O. jolie brise, vitesse au loch cinq milles ; nous poussons notre foc à bloc sur le bout-dehors et hissons une trinquette ; toute la journée nous naviguons au plus près, tribord amures.

Comme nous nous sommes toujours tenus un peu au vent nous arrivons sur la côte orientale de l'Asinara à la hauteur de Cala d'Oliva, à un mille et demi au nord de la pointe Trabucato ; il est trois heures quinze minutes.

Nous laissons alors arriver et naviguons grand largue environ trois milles pour pouvoir monter la pointe de Trabucato et revenir ensuite prendre le milieu de la passe située entre la terre et une ligne d'écueils s'étendant N. O. S. E., parallèlement à la côte, sur une longueur de plus d'un mille.

Dans la passe, comme la côte n'est point saine, nous tirons de petites bordées le plus au large possible ; voyant que ces fonds sont parsemés de roches nous jugeons prudent de n'avancer maintenant qu'à la sonde. Enfin nous jetons l'ancre, à trente mètres d'un appontement, devant la Reale, hameau principal de l'Asinara ; il est cinq heures quarante cinq minutes du soir, nous avons donc parcouru quarante milles en dix heures.

J'ai expliqué plus haut pourquoi je craignais que nous ne

fussions pas autorisés à débarquer à l'Asinara. En outre depuis l'excursion de l'*Euxène* à la Maddalena, je suis tenu d'agir à l'étranger avec la plus grande circonspection. Depuis quelques années s'est développée chez tous les peuples la manie de voir un espion dans tout individu qui voyage pour son plaisir ; les espions véritables et dangereux, ce sont ces nationaux qui, par métier au courant des secrets militaires, se mettent à la solde de l'étranger. Ces lignes étaient déja écrites lorsqu'un exemple tout récent est venu malheureusement les confirmer.

C'est pourquoi, dès notre arrivée à la Reale, j'envoie sur le youyou un de nos hommes demander au douanier qui se promène sur l'appontement si nous pouvons être autorisés à débarquer. Le douanier répond que si nos papiers sont en règle nous pouvons descendre à terre, à condition toutefois de ne point trop nous éloigner du rivage, et de n'avoir aucune communication avec les condamnés.

Nous allons alors prendre l'entrée : sur l'appontement se pressent curieusement des fonctionnaires, des pêcheurs, des ouvriers. Après avoir remis à un douanier notre patente de santé visée à Ajaccio par l'agent consulaire italien nous nous rendons au bureau du télégraphe pour expédier quelques dépêches.

Nous revenons ensuite causer avec la population pour glaner des renseignements sur l'île, sur son climat, ses ressources, ses habitants : tous nous répondent avec la plus grande obligeance.

Comme la nuit s'approche nous rentrons à bord ; les marins, qui ont pu pendant notre courte absence attraper quelques poissons à la ligne, nous disent que les fonds paraissent ici très-poissonneux.

Il est neuf heures : la mer est calme, le temps très-doux ; avant de rentrer dans la cabine nous contemplons longuement le magnifique panorama que la pleine lune vient d'éclairer.

L'Ile Asinara est située à l'extrémité Nord-Ouest de la Sardaigne par environ 41° 5' de latitude nord et 5° 57' de longitude Est (méridien de Paris) ; sa longueur est de dix

milles marins, sa largeur varie de un demi à quatre milles ;
le développement de ses côtes atteint trente milles.

Dans l'antiquité elle porta le nom pompeux d'île d'Hercule,
Insula Herculis ; au moyen âge, à la suite de la lutte entre
Pise et Gênes, elle fut abandonnée par ses habitants qui
redoutaient les incursions des barbaresques ; elle devint
alors le domaine de nombreux troupeaux d'ânes sauvages
qui, y paissant et s'y multipliant en toute liberté, lui firent
donner le nom d'Asinara. En 1775, Victor Amédée III, roi de
Sardaigne, céda à Don Antoine Manca-Amat, marquis de
Morès, pour soixante dix mille livres, l'île Asinara convertie
en duché réversible même aux femmes. Le fils de Don
Antoine, peu satisfait du nom de son fief qui pouvait prêter à
railleries, obtint vers 1822 du roi Victor Emmanuel 1er l'autorisation de changer le titre de ce duché en celui de
Vallombrosa. (Le titre de duc de Vallombrosa est actuellement porté par le père du marquis de Morès, le fougueux
antisémite.)

Le paysage est ravissant ; de la rade de la Reale on
aperçoit de toutes parts de verdoyantes vallées parsemées
d'oliviers sauvages, ainsi que des collines couvertes de
myrtes et de makis et s'élevant en gradins jusqu'à quatre cents
mètres d'altitude. On distingue, tracés à mi-versant sur la
côte orientale, les lacets d'une belle route qui unit le hameau
de la Reale au magnifique phare de la pointe Caprara en
passant par le petit port de Cala d'Oliva. Le phare de la
Punta Caprara ou dello Scorno s'élève à quatre vingts mètres
au-dessus des flots et étend ses feux jusqu'à vingt et un
milles au large : tout près l'on distingue le damier du
sémaphore.

L'île était autrefois habitée par environ trois cents pêcheurs
et bergers ; il y a peu d'années le gouvernement italien a
exproprié tous les habitants afin d'installer là un établissement
pénitentiaire. Les pêcheurs sont allés fonder le hameau
d'Intistinu dont nous parlerons plus loin ; les bergers
regrettent toujours, paraît-il, les excellents pâturages de
l'Asinara.

Actuellement ce beau pays sert de lieu de transportation à
environ quatre-cents condamnés, divisés en trois détache-

ments établis à Cala d'Oliva, à la Reale et à Cala Fornelli. Ces condamnés, vêtus de gris ou de rouge, et portant à la ceinture de bonnes chaînes qui servent à les attacher la nuit, sont principalement employés à des ouvrages de maçonnerie : ils gâchent de la pouzzolane, portent de la chaux, travaillent aux œuvres. De nombreux gardiens, armés de carabine Remington, sont chargés de la surveillance.

Pour le moment on occupe peu les condamnés aux travaux agricoles, car l'île est inculte ; on veut sans doute terminer d'abord les constructions.

Comme en France, ces forçats ne sont point accablés de besogne ; ils commencent fort tard à travailler et finissent de très bonne heure : il leur reste des loisirs pour pouvoir augmenter leur petit pécule en confectionnant des pipes de bruyère qu'ils vendent aux amateurs.

On aperçoit disséminées dans la campagne, surtout vers Cala d'Oliva et Cala Fornelli, de nombreuses maisons basses, isolées les unes des autres, et entourées d'écuries et de hangars ; ce sont les logements des gardiens et des forçats, les bâtiments d'exploitation du pénitencier, et les magasins de l'administration sanitaire.

Mais il existe aussi dans l'île, et principalement à la Reale, d'autres constructions pour lesquelles le gouvernement italien, imitant l'exemple funeste donné par d'autres gouvernements, n'a point ménagé les deniers des contribuables.

L'Asinara est le grand lazaret de l'Italie ; on y envoie en quarantaine tous les bateaux ayant à bord des cas suspects de choléra ou de fièvre jaune. Les italiens sont extrêmement sévères dans l'application des règlements sanitaires ; les navires venant de régions supposées contaminées sont obligés, même après une longue période d'observation ou de relâche dans un port, de reprendre la mer et d'aller à l'Asinara purger intégralement leur quarantaine. Une fois arrivés, équipages, passagers, marchandises sont débarqués pour être désinfectés ; cette opération terminée, tout est rembarqué, car la quarantaine doit être faite à bord, au foyer de l'infection. En guise de consolation les malheureux décimés par la maladie peuvent apercevoir tout près du rivage un magnifique four crématoire de style étrusque. orné de belles colonnes en granit.

Comme autres constructions importantes de la Reale, il convient de citer d'abord une grande maison occupée par la santé et les différents services de l'administration ; puis une usine à désinfecter ; enfin un élégant hôpital bien aéré avec galeries et veranda.

Battue sans cesse par les vents du Nord, de l'Est et de l'Ouest, l'Asinara jouit d'un climat autrement sain que celui de la Sardaigne ; malheureusement l'eau y est rare ; on n'en trouve, et en très-petite quantité, qu'à Cala d'Oliva ; aussi tous les jours un bateau-citerne apporte-t-il de Porto-Torrès l'eau nécessaire à la colonie.

Les rades de la Reale et des Fornelli offrent de bons et sûrs mouillages. A la Reale se trouve un appontement construit en pierres et bois où peuvent accoster les bateaux d'un faible tonnage. Toutefois. comme ces fonds sont semés de roches, il serait imprudent avec un navire calant plus de deux mètres de ne point se tenir à deux encablures au moins du rivage.

Quant à cette ligne de roches qui s'étend dans la rade du N-O au S-E. sur une longueur de plus d'un mille, elle est signalée par des balises et des bateaux feux mouillés aux deux extrémités.

Samedi, 19 mai. — Ce matin le baromètre a encore baissé (760^m/^{m}) ; le thermomètre marque 18° ; la mer est très calme, le ciel couvert.

De bonne heure nous descendons à terre, et. avec la permission des autorités, nous allons visiter un petit hameau habité par des gardiens et leurs familles.

A neuf heures du matin nous levons l'ancre pour Porto-Torrès ; la mer est toujours calme. les vents du Sud jouent. Nous tirons d'abord de petites bordées dans le fond de la rade pour passer entre le bateau-feu du N-O et la terre ; nous mettons ensuite le cap au S. Q. S. E. du compas ; nous allons parcourir quatorze milles vent debout, les amures à tribord.

Nous déjeunons sur le pont ; après les conserves obligatoires nous livrons bataille à un vieux coq qui a la prétention d'être un poulet ; c'est une victoire à la Pyrrhus ; aussi faisons-nous gracieusement don à nos hommes du compagnon qui survit.

Successivement défilent devant nos yeux Cala Fornelli, l'Isola Piana située entre l'Asinara et la Sardaigne, la Madrague delle Saline, au loin sur les hauteurs nous apercevons Sassari.

Près du port de Porto-Torrès nous avons un moment d'hésitation ; d'après la carte, assez peu claire du reste, l'entrée paraît être à l'Ouest, et cependant nous voyons des barques entrer et sortir à l'Est de la jetée. (Une fois à terre nous aurons l'explication de cette anomalie : il existe à l'Est de la jetée une petite passe fréquentée par les embarcations de pêche qui vont mouiller dans le fond du port, derrière le pilotis de la voie maritime.)

En approchant nous finissons par bien distinguer l'entrée qui est très-étroite et située au pied du phare ; une jetée à angle droit nouvellement construite protége le port contre les vents d'Est ; une bouée d'appareillage est mouillée près de la pointe de la jetée.

Nous entrons en douceur au milieu d'un violent orage ; le passage est presque obstrué par un grand vapeur, le Cipro, de la compagnie générale italienne. En ce moment s'avance vers nous une barque montée par le capitaine de port, qui a pris l'*Euxène* pour la *Costanza*, le yacht du marquis Raggi. Très-obligeamment le capitaine, après avoir reçu notre patente, nous indique un mouillage au fond du port entre un remorqueur de l'État et une machine à briser les rocs. Nous nous tirons au poste qui nous a été désigné ; mais, malgré tous les renseignents donnés par les gens qui nous entourent, nous avons soin de sonder à l'arrière ; juste deux mètres, il est temps de s'arrêter. Deux ancres mouillées à l'avant, nous envoyons deux amarres à terre, et une autre à tribord sur la chaîne du remorqueur.

A notre gauche se trouve un curieux engin ; c'est un perforateur, système Whitead de Fiume, construit par l'établissement technique de Trieste ; il peut faire par jour vingt-cinq trous de mine de 50 m/m de diamètre et de 2 mètre 50 de profondeur. Arrivé à l'endroit désigné, on le

soulève sur les quatre piliers dont il est muni et on le met
en fonctionnement sans s'inquiéter de l'état de la mer.

Le port, petit et peu profond, est encombré de tartanes,
de felouques napolitaines, de barques de pêche.

Porto-Torrès, tête de ligne de la voie ferrée qui relie les
deux capitales de l'île, et desservi plusieurs fois par semaine
par les paquebots de la société générale de navigation
italienne et de la compagnie Fraissinet, est le port d'embar-
quement des produits naturels et fabriqués de Sassari et de
la riche contrée environnante.

Aussi a-t-on pu espérer que cette antique et puissante cité
romaine renaîtrait un jour de ses cendres. La population qui
était seulement de 1.300 âmes en 1836 s'élève actuellement à
plus de cinq mille. Le pays jadis horriblement malsain
s'assainit progressivement ; un vieil ajaccien, qui habite
Porto-Torrès depuis trente huit ans, me disait que les fièvres tendaient à disparaître depuis la construction d'un
aqueduc qui apporte l'eau nécessaire aux habitants. Cet
été, des industriels ont installé sur ce rivage autrefois si
redouté des établissements de bains que la société de Sassari
commence à fréquenter.

Mais Porto-Torrès voit s'élever un rival dangereux dans le
magnifique golfe degli Aranci où aboutissent également les
voies ferrées, où chaque jour arrive, et d'où chaque jour
part un courrier reliant en moins de dix heures la Sardaigne
à l'Italie.

Il est évident que le premier aspect de cette petite ville et de
la région environnante doit produire une impression défavora-
ble sur le visiteur arrivant de France ou de l'Italie septentrionale. Porto-Torrès comprend une artère centrale où
viennent se ramifier à angle droit quelques ruelles se
perdant dans la campagne ; les maisons sont basses comme
à Longo-Sardo et sur tout le littoral où le vent règne en
maître ; point d'animation dans les rues, aucun commerce,
aucune industrie locale ; c'est absolument un port de
transit.

Et pourtant jadis Porto-Torrès, l'antique Turris lybisonis,
fut une puissante colonie romaine, mère de Sassari. Valery
et M. G. Vuillier nous ont donné de consciencieux et savants

aperçus des ruines de l'aqueduc, du temple de la Fortune et du pont de porphyre jeté sur l'embouchure du flumen turritanum. Au moyen âge, après l'expulsion des Sarrasins, elle passa successivement sous la domination des Pisans, des Génois et enfin des rois d'Aragon. et resta jusqu'au milieu du XVe siècle le siège d'un archevêché et la résidence du prince-juge du Logudoro

A l'extrémité sud, sur un petit monticule, au milieu d'un amas de constructions hétéroclites, se dresse l'antique basilique de San Gavino dont la description complète a été faite par MM. Valery et Vuillier.

— Le dimanche 20 mai, à sept heures du matin, nous prenons le train pour Sassari où nous arrivons en quarante-huit minutes. Comme nous n'allons rester que trois jours dans cette ville, nous ne pouvons, en si peu de temps, jeter qu'un rapide coup d'œil sur les rues, les monuments et les musées, les hommes et les choses

Et pourtant cette ville mériterait d'être mieux connue et plus souvent visitée ; c'est un grand centre commercial et industriel au milieu de cette riche région appelée le Logudoro; elle renferme en même temps pour l'historien et l'archéologue des sujets d'études intéressants.

Mon compagnon de voyage me conduit immédiatement chez ses oncles, MM. C , importants banquiers, négociants et industriels de la province. Non seulement ces MM. accueillent avec tendresse leur neveu, mais ils témoignent à mon égard la plus exquise affabilité ; ils nous offrent ensuite a tous deux une charmante hospitalité.

Accompagnés d'un employé de la maison C. nous commençons par parcourir la ville en voiture. Nous visitons d'abord la riche église des Jésuites près la place « Castello » ; les fidèles y sont très-nombreux.

On nous conduit ensuite au monastère de San Pietro où se trouve l'asile des vieillards dirigé par des sœurs de Saint-Vincent de Paul. Cette maison hospitalière est établie dans un ancien cloître dont les cellules ont été converties en chambres. Le nombre des pensionnaires s'élève à soixante-dix ; les frais d'entretien sont couverts par une légère subvention de la commune de Sassari et les dons de généreux bienfaiteurs. La supérieure, femme très aimable et très gaie, nous fait visiter en détail l'établissement, puis nous mène admirer son ravissant jardin où elle nous gratifie de superbes bouquets.

Nous nous rendons ensuite à la tannerie que MM. C. ont organisée en association avec leur neveu, M. Gervasio C. Comment remercier de son affectueux accueil M. Gervasio qui, abandonnant ses occupations, se met entièrement à notre disposition, et qui nous accompagne pendant toute la durée de notre séjour en Sardaigne, nous pilotant dans la ville et aux environs, et jusqu'à la madrague de Torre delle Saline ? Grâce à sa haute situation à Sassari, dont il est adjoint municipal, grâce à ses relations très-étendues dans l'île toute entière, notre sympathique guide nous fait ouvrir toutes les portes et nous ménage partout une aimable réception.

Bien entendu, nous commençons par visiter la tannerie sous la direction de M. Gervasio, qui nous explique successivement toutes les manipulations compliquées de cette industrie, et nous fait voir les bureaux, les fosses, les hangars, les ateliers. La tannerie a une telle importance que les peaux brutes de Sardaigne ne pouvant suffire, on en reçoit des chargements du continent italien ; les ouvriers sont nombreux, les machines du dernier perfectionnement ; le tan provient des forêts de la Corse. La maison est en relations d'affaires avec la France, principalement avec Montpellier.

Selon l'habitude du pays nous nous mettons à table à deux heures et demie ; nous partons ensuite pour une des propriétés de MM. C. plantée entièrement en oliviers. Dans cette propriété, les oliviers sont tous cultivés, comme sur le continent français ; on les sarcle, les taille, les fume ; aussi deviennent-ils d'un excellent rapport : dans les bonnes années, les propriétaires récoltent là pour plus de trente mille francs d'huile. Ajoutons que l'huile de Sardaigne est plus estimée que l'huile du midi de la Corse ; ainsi en 1894 l'huile coûtait à Sassari et à Porto-Torrès 0 fr. 20 de plus par litre que l'huile vendue à Ajaccio et à Bonifacio.

Malheureusement l'agriculture ne peut guère se développer en Sardaigne parce que les campagnes sont presque inhabitées ; propriétaires et journaliers résident à la ville, ne partant pour les champs que lorsque le soleil a déjà réchauffé la terre et s'empressant de rentrer avant la nuit. Cette coutume, pratiquée également dans certaines régions de la Corse, aurait, dit-on, pour origine la crainte de la mal'aria, appelée en Sardaigne intempérie.

Quant à moi qui, d'après de nombreux indices, pense que la Sardaigne, comme la Corse, était jadis moins malsaine qu'aujourd'hui, je ferais plutôt remonter la cause de cette pratique au défaut de sécurité dans les campagnes. Non seulement durant tout le moyen âge, mais encore dans les temps modernes, les pirates barbaresques ne cessèrent jamais leurs incursions : encore au commencement de ce siècle ils ravagèrent l'île de Sant'Antioco, non loin de Cagliari, et poussèrent même jusqu'à la Castagna dans le golfe d'Ajaccio. Ajoutez à cela la plaie toujours béante du banditisme : des exemples récents nous prouvent qu'en Sardaigne fleurissent comme jadis la grassazione et le ricatto.

L'on sait que la grassazione est l'attaque à main armée pendant la nuit de la maison d'un particulier qu'on veut dévaliser ; et que le ricatto, ou rachat, est l'enlèvement d'un propriétaire dont on exige une rançon pour la mise en liberté.

21 Mai. — De très bonne heure nous allons visiter la cathédrale, consacrée sous l'invocation de Saint Nicolas ; elle renferme les reliques de San Gavino, le saint le plus populaire de la Sardaigne. La façade est monumentale, mais l'intérieur un peu petit ; on n'y voit guère à signaler que le tombeau en marbre du duc de Maurienne, frère des rois Victor Emmanuel 1er et Charles Félix, mort en 1802 gouverneur de Sassari et du Cap Supérieur.

Nous nous rendons ensuite au municipio (mairie) établi dans l'ancien palais des ducs de Vallombrosa. Ce palais fut construit à la fin du siècle dernier pour Don Antonio Manca Amat, marquis de Morès, seigneur de l'Asinara ; il renferme une collection assez nombreux de tableaux, principalement de portraits copiés d'après les maîtres italiens. Les archives, que le fonctionnaire chargé de leur conservation, veut bien nous mettre sous les yeux, sont peu volumineuses, mais très-intéressantes ; nous voyons la charte de constitution de la Commune de Sassari datée de 1316, et un fonds de pièces catalanes remontant à la domination aragonaise.

M. Gervasio C. nous ramène sur la place d'Italie et nous introduit au palais provincial (préfecture).

Nous accueillant avec la plus parfaite courtoisie, le secrétaire général nous conduit lui-même à travers les salons et nous mène admirer la salle de réunion du conseil général.

Cette vaste salle est ornée de belles peintures modernes, œuvres du Sciutti, qui méritent d'être signalées.

D'un côté l'établissement des Statuts de Sassari : composition magistrale de fort bon goût ; ensemble imposant et sévère, grande exactitude dans les détails, personnages bien groupés. Comme pendant, un tableau plein de vie et d'animation représentant l'entrée triomphale à Sassari du révolutionnaire Carlo d'Anjioy, à l'aurore de la révolution française ; l'enthousiasme populaire, l'accueil bienveillant du clergé et la réserve méfiante de la noblesse sont dépeints avec ampleur et souplesse.

Au plafond, une grande allégorie qui représente, me dit le secrétaire, l'histoire complète de l'Italie depuis les temps de l'obscurantisme jusqu'au triomphe de la science et de la liberté. — On y voit un peu de tout : en particulier, la chûte des empereurs et des papes et l'apothéose du roi Victor Emmanuel II, qui, un énorme casque sur la tête, agite le drapeau de l'unité italienne au milieu de locomotives et de piles électriques. J'avoue que ce tableau m'a paru bien inférieur aux autres comme composition et même comme dessin ; c'est de la peinture administrative.

Aux fenêtres, l'artiste a représenté : l'illustre Eléonore d'Arborée ; — une fête sarde à la suite de l'expulsion des Maures ; — Ansicora, le dernier défenseur de la liberté sarde, se tuant sur le cadavre de son fils après la victoire des Romains ; — un guerrier sarde de petite taille traînant un prisonnier carthaginois de haute stature.

Dans la journée, nous montons en excursion à Osilo, gros

bourg de quatre mille habitants, situé vers sept cents mètres d'altitude à quatorze kilomètres de Sassari. Nous admirons en passant de belles forêts d'oliviers, de grands massifs de chênes blancs et d'immenses plaines de blé qui promettent cette année, par suite des pluies abondantes, de magnifiques récoltes.

Mardi 22 Mai. — Ce matin, après une courte visite au théâtre qui est construit entièrement en pierre et en fer, notre aimable guide nous conduit à l'hôpital.

L'hôpital est vaste et très-aéré : nous y trouvons très peu de malades. Ce n'est point en trois jours que l'on peut juger du climat d'une ville ; bornons-nous à dire que, d'après des renseignements puisés à diverses sources, de graves épidémies de diphtérie et de choléra font trop souvent des ravages à Sassari.

En Sardaigne, comme dans beaucoup de pays méridionaux, on est assez sujet aux embarras gastriques et aux affections du foie ; on a découvert heureusement dans les environs de Sassari une eau minérale, dite de Saint-Martin, qui est excellente dans ces maladies. D'après l'analyse chimique, l'eau de Saint-Martin rentre dans la classe des eaux alcalino-ferrugino-gazeuses : la quantité notable de sulfate de soude qu'elle contient la rapproche des eaux de Carlsbad ; le carbonate de magnésie lui communique une action purgative, et l'azotate de potasse la rend légèrement diurétique ; comme goût elle est agréable à boire et ressemble assez à l'eau de Vichy.

Ce souvenir donné à une eau qui nous fut très-utile en voyage, reprenons notre excursion en ville et entrons à l'Université.

La Sardaigne est dotée de deux universités, l'une à Sassari au nord, l'autre à Cagliari à l'extrême midi ; peut-être trouvera-t-on que c'est trop pour une population ne dépassant pas sept cent cinquante mille habitants. Beaucoup d'Italiens d'ailleurs reconnaissent que ce luxe d'universités provinciales est une des plaies de leur pays ; malheureusement il est difficile d'y porter remède, étant donnés les intérêts engagés et les susceptibilités des vieilles villes universitaires.

Les habitants de Sassari plaident assez habilement leur

cause en présentant un argument qui ne manque point de valeur : « Que deviendrait, dit M. Luigi Falchi, la province de Sassari à laquelle tout fut enlevé, si on lui enlevait encore l'université ; qu'il l'immagine celui qui sait comment nous vivons intellectuellement séparés du reste du monde ! »

On comprend l'utilité d'une faculté de médecine ; peut-être pourrait-on soulever de sérieuses objections au maintien d'une faculté de droit ; (ce n'est pas seulement en Italie qu'il y aura toujours trop d'avocats et trop de gens de loi.)

Au rez de chaussée se trouvent les salles de cours et d'examens ; au premier la bibliothèque, le musée d'Antiquités, et les collections de zoologie et de minéralogie.

La bibliothèque est bien installée et bien tenue ; à l'époque de la visite de Valery elle ne comptait que cinq mille volumes : elle en renferme aujourd'hui plus de trente-cinq mille ; la collection d'ouvrages sur la Sardaigne est assez complète.

Le musée d'antiquités mérite une mention spéciale, car il est extrêmement curieux ; les objets conservés sont peu nombreux mais suffisent pour donner l'assurance qu'en organisant des fouilles sérieuses en différents points de la Sardaigne on pourrait compter sur d'importantes découvertes.

Le distingué conservateur, M. Virdio Prosperi, qui est en même temps professeur à l'école de droit, nous fait visiter en détail ses vitrines, La plus grande partie des antiquités a été trouvée à Tharros près d'Oristano, l'antique Arborée. Nous voyons d'abord une collection de bijoux et d'amulettes égyptiennes, une stèle phénicienne bien conservée, de nombreux vases en verre, une collection de terres cuites grecques et romaines ; enfin de belles tablettes de bronze, relatives, les unes à un décret de l'empereur Antonin pour la cité de ?, les autres à un congé donné par l'empereur Othon à un soldat sarde. Le médaillier comprend, outre les monnaies romaines et du moyen âge, quelques belles pièces carthaginoises en or.

Après une rapide visite au cimetière qui renferme quelques belles statues en marbre, nous nous rendons à l'antique fontaine du Rosello, qui jadis alimentait seule la ville de Sassari.

A côté se trouve le marché ; nous le traversons en jetant un coup d'œil sur les étaux et les éventaires ; la viande est vendue ici le même prix qu'à Porto Torrès : bœuf 0 fr. 50 la livre de 400 grammes ; mouton 0 fr. 30. Comme cette année le vin coûte 0 fr. 30 le litre, le pain 0 fr. 30 le kilogramme, la vie n'est point chère à Sassari malgré tous les impôts et tous les droits établis sur les denrées.

Cependant, pressés par le temps, il nous faut prendre congé de nos hôtes après les avoir remerciés bien sincèrement de leur affectueuse hospitalité ; puis, en compagnie de M. Gervasio C., qui nous dit vouloir connaître l'*Euxène*, mais qui, en réalité, nous ménage une agréable surprise, nous redescendons à Porto Torrès.

Quelques mots encore sur Sassari. Cette ville est située sur le penchant d'une colline, à 220 mètres au-dessus du niveau de la mer.

En 1652 une terrible peste lui enleva presque tous ses habitants ; en 1833 la population s'élevait à 21.240 âmes ; en 1855 à 25.000 ; cette année-là une épidémie de choléra la réduisit à 15.000 ; — en 1876 elle remonta à 33.000 ; enfin, d'après l'annuaire de 1894 elle renferme actuellement 40.000 habitants.

A côté de la vieille cité qui peut faire la joie des amateurs du pittoresque se dresse une ville nouvelle aux rues larges et propres, aux constructions élégantes, aux promenades ombragées ; « il est regrettable, toutefois, comme le dit M. Luigi Falchi, que l'impardonnable ignorance d'administrateurs malavisés ait fait jeter bas le château de pierre rouge, avec son beffroi et l'écusson aragonais, élevé en 1330 par le gouverneur espagnol au nom d'Alphonse IV d'Aragon. »

Sur la vaste place d'Italie se font vis à vis le palais provincial, ou préfecture, et la demeure princière de M. Giordano, député d'Alghéro ; — deux fois par semaine la musique militaire y donne un concert où se presse en foule la population.

Mentionnons également la place Castello où se trouve la caserne d'infanterie ; et la place Azuni, où s'élève la statue du grand jurisconsulte sarde, créateur du droit maritime commercial.

Sassari est en outre le siège d'un archevêché, d'une chambre de commerce, d'un comice agricole etc.

Avant de nous remettre à naviguer je désirerais traiter brièvement une question sur laquelle je suis absolument en désaccord avec mes compatriotes qui ont écrit sur la Sardaigne, et même avec l'opinion courante en Italie.

Commençons par quelques citations. — « Lorsque mes regards, dit M. Vuillier dans le Tour du Monde, se sont ensuite abaissés sur la Sardaigne, sur la région de l'Anglona étalée à mes pieds, région âpre, empreinte d'une tristesse infinie, sur la Gallura sauvage et lointaine, j'ai senti davantage la splendeur de notre Corse. — De Porto-Torrès à Sassari, écrit également M. Vuillier, le paysage est peu intéressant. On traverse une vaste solitude inculte où se penche quelque muraghe ruiné, où s'affaissent les restes d'un aqueduc romain. De loin en loin seulement un pâtre solitaire profile sa silhouette tandis que des troupeaux de chèvres noires semblent ronger silencieusement le sol maigre et désert.

Je considère cette terre qui s'étale sous un ciel tourmenté, couverte de ruines, et comme toute pâle et grelottante de misère et de malaria. »

« Pauvre Sardaigne, dit un sarde, hôte de M. Vuillier, abandonnée par l'Italie aujourd'hui comme aux siècles écoulés, pauvre terre de misère et de malaria dont le sol exhale des souffles mortels, où les rayons du soleil même sont empoisonnés. »

M. Dumazet, dans le *Temps*, parle de « la pauvre Sardaigne reliée au continent par un service quotidien. »

Il est vrai que quelquefois M. Vuillier éprouve des impressions plus favorables : « Les environs de Sassari sont charmants avec ses vallons où s'abritent des bois d'orangers et ses cultures variées. C'est bien là le Logudoro, nom sous lequel on désigne en Sardaigne la région du Nord. »

Et ailleurs : « Naguère, à l'époque des bonnes relations avec la France, la Sardaigne était relativement prospère ; elle exportait les vins à Cette, les huiles et les bestiaux à

Marseille. Aujourd'hui c'est la partie de l'Italie qui est la plus vivement atteinte par le non-renouvellement des traités de commerce. Du reste, ajoute M. Vuillier, toute la partie nord de la Sardaigne nous est très attachée, et j'ai entendu exprimer à ce sujet des sentiments qui surprendraient beaucoup à Rome. »

Il est évident que les impressions produites par un pays varient, subjectivement, selon le caractère du voyageur, son éducation, ses goûts, ses habitudes, son habitat, et, objectivement, selon la saison, les difficultés du voyage et le climat de la région parcourue.

Or la plupart des personnes qui visitent la Sardaigne ne manquent point, par crainte de la mal'aria, d'y venir en automne ou en hiver, saisons où la campagne dépourvue de toute parure semble un immense désert qu'attristent encore davantage les ruines d'un glorieux passé. De suite les voyageurs sont péniblement impressionnés par l'aspect morne du pays et la vue de vastes plaines marécageuses ; de plus, arrivant d'un milieu où se sont perfectionnés depuis longtemps l'agriculture, le commerce et l'industrie, ils sont vivement frappés de la pauvreté des insulaires, de leurs procédés arriérés de culture, de leur retard dans la voie du progrès.

Il éprouvera une impression absolument opposée celui qui réside depuis de longues années dans un pays que sa situation insulaire, la négligence des pouvoirs publics, la pauvreté de son sol, son entrée tardive dans la riche famille française, ont nécessairement empêché de prendre un grand développement agricole et industriel ; celui qui, déjà acclimaté et connaissant les précautions à prendre, ne redoute ni peu ni prou la mal'aria ; qui enfin part en voyage au milieu du printemps, dans cette saison où la nature réveillée couvre plaines et collines de ses gaies et bienfaisantes richesses.

Au nord de l'île, il est vrai, l'industrie ne commence à progresser que depuis peu d'années ; on y compte cependant de nombreuses fabriques de pâtes alimentaires, une manufacture de meubles très prospère, et des tanneries importantes. Mais, dans la partie méridionale, est-ce que les industries minières, principalement dans le district d'Iglésias, n'ont point pris un grand développement ? Est-ce que les salines de Cagliari et de Carlo Forte ne sont point les plus importantes de l'Italie ? Dans la magnifique rade formée par les îles de San Pietro et de Sant'Antioco existent plusieurs chantiers pour la construction des tartanes de moyen tonnage.

En produits agricoles la Sardaigne est un très riche pays ; certaines régions sont couvertes d'oliviers ; la forêt d'orangers de Milis est peut-être la plus vaste du monde ; bien des pentes de montagne sont semées de massifs de chênes-liège et de chênes-blancs ; si malheureusement le phylloxéra a détruit la plus grande partie des vignes, d'immenses champs de blé les ont remplacées ; on estime que la valeur du bétail dépasse cent trente millions de lire ; mentionnons également le charbon, le tabac, les peaux et le fromage qui sont l'objet d'un très-actif commerce.

Un autre produit naturel abonde sur les côtes, c'est le poisson ; d'importantes madragues pour la pêche du thon sont installées à Torre delle Saline et à Porto Scuso ; à Porto-Torrès, à la Maddalena, à Golfe Aranci on exporte les anchois, les sardines et les langoustes pour les marchés de Rome, de Livourne, de Gênes et même de Nice.

Il faut cependant avouer que si la Sardaigne est, selon moi, une assez riche contrée, les indigènes ne retirent pour ainsi dire aucun profit des produits naturels ou industriels de leur propre pays. Peu industrieux et peu marins, manquant d'initiative et aussi des capitaux nécessaires, les sardes ont laissé accaparer l'industrie, le commerce et la pêche par les étrangers et les Génois campés dans l'île.

L'insalubrité du pays est grande ; l'on prétend par exemple qu'un étranger ne pourrait traverser en été les plaines marécageuses d'Oristano sans être saisi par les fièvres et succomber. Certaines localités cependant réputées malsaines finissent par s'assainir. Ainsi, comme je l'ai déjà dit, les habitants de Sassari commencent à venir en plein été prendre des bains de mer sur la plage de Porto-Torrès jadis désertée aux premières chaleurs.

D'ailleurs, dans les régions où règnent les fièvres intermittentes et la mal'aria, un étranger non acclimaté sera saisi par la fièvre, même au cœur de l'hiver, si, ne prenant aucune précaution, il est sans cesse à monter de la plaine à la montagne et à descendre de la montagne à la plaine.

Certes, comme le dit M. Vuillier, la Sardaigne a souffert et souffre toujours beaucoup du non-renouvellement des traités de commerce entre la France et l'Italie ; mais à Marseille, en Corse et dans d'autres régions de la France, les négociants, les industriels, les armateurs se plaignent amèrement du ralentissement des affaires. Bien que désireux de protéger les producteurs français, on peut souhaiter qu'on finisse par trouver la formule qui, sauvegardant les intérêts des deux peuples, mette fin à un malentendu nuisible à l'un sans bénéfice pour l'autre.

Si certains hommes politiques et journalistes italiens ne manquent point une occasion de nous dire des choses désagréables, il faut reconnaître qu'en France nous sommes repris, depuis quelques années, de la fâcheuse manie de donner des conseils aux étrangers sur leur politique intérieure.

Que notre patriotisme, toujours attentif, nous porte à veiller avec un soin jaloux aux intérêts français ; mais aussi que notre respect des droits d'autrui nous empêche de blesser la susceptibilité des autres nations. En réalité beaucoup d'italiens reconnaissent la France pour leur grande sœur ; mais ils ajoutent avec raison qu'ils se croient maintenant assez âgés pour ne plus être tenus en tutelle.

— Dès notre retour à Porto-Torrès, M. Gervasio C. nous conduit au bureau de poste, où, après avoir dépouillé son courrier, il nous apprend que demain matin, à la madrague delle Saline, on doit procéder à la « matanza », à la pêche des thons ; nous décidons qu'aussitôt dîner nous mettrons à la voile pour aller assister à cette intéressante bataille.

Comme nous devons cotoyer de nuit une plage inconnue nous jugeons prudent d'embarquer un pilote. A dix heures nous quittons Porto-Torrès ; nous sortons doucement pour parer les chaînes et les amarres de la *Palestina*, grand paquebot de la compagnie générale italienne, qui obstrue en partie l'entrée du port.

Au large nous trouvons obscurité complète et mer calme ; il pleut légèrement ; nous croisons toute la nuit sur le foc.

23 Mai. — Vers quatre heures du matin nous venons jeter l'ancre en face de la tour delle Saline, à environ cent mètres de la plage, entre un remorqueur et une tartane attachés au service de la madrague. Nous nous féliciterons tout à l'heure d'avoir embarqué un pilote, car nous sommes au seul endroit où nous puissions nous dire en pleine sécurité : le fond est de bonne tenue, la sonde indique quatre mètres ; mais à droite comme à gauche la mer brise, à l'arrière de forts courants se font sentir.

La pluie continue à tomber, la brise fraîchit ; à six heures nous mouillons une deuxième ancre. A sept heures cinq le vent tourne à l'Est, et dès lors ne cesse d'augmenter ; nous mettons nos deux autres ancres à la mer et jetons des amarres sur la tartane et le remorqueur. A huit heures nous descendons à terre pour nous faire présenter par M. Gervasio aux directeurs de la madrague. Ces messieurs nous accueillent très-aimablement, et mettent gracieusement plusieurs chambres à notre disposition.

Comme la brise fraîchit toujours, un des directeurs, M. Razetto, capitaine au long-cours, ordonne de porter une grosse ancre à l'*Euxène* ; il nous assure d'ailleurs que, quelle que soit la violence du vent, ni l'équipage, ni le yacht ne courent aucun danger. Inquiet toutefois, je reste en observation sur le seuil d'une cabane de pêcheurs.

A midi le levante souffle en tempête ; nous avons alors neuf ancres à la mer, cinq à l'avant, quatre à l'arrière. Dans la journée, un gros câble s'étant rompu, une embarcation de la madrague réussit à en porter un autre, et, en même temps, ramène le pilote embarqué à Porto-Torrès.

Il est de notre devoir de remercier bien sincèrement les directeurs et les pêcheurs de la madrague qui, pendant tout notre séjour, se sont empressés à nous rendre avec affabilité les plus grands services.

Comme à cinq heures la mer a beaucoup grossi j'envoie une barque avec ordre de ramener mes hommes : seul, le fils du pilote qui est venu, le malheureux, pour s'amuser à la fête du pays, descend à terre ; mes deux marins refusent absolument de quitter le bord, voulant veiller sur l'*Euxène* et empêcher tout abordage.

Ce bon exemple est contagieux ; les hommes du remorqueur ne veulent point non plus débarquer. Les deux équipages qui, au moment de notre arrivée, avaient échangé quelques paroles assez aigres, fraternisent au milieu du danger et s'aident mutuellement : ainsi, vers six heures, à bord du yacht on hisse une flamme à mi-mât et on sonne de la trompe, c'est le canot du remorqueur, qui, son amarre brisée, part à la dérive ; les pêcheurs ont bientôt fait de rattraper le canot et de le haler à terre.

A la nuit, le vent commence à diminuer faiblement, mais la mer grossit ; l'*Euxène* tangue beaucoup, toute sa carène se soulève hors de l'eau. A minuit le vent a un peu cessé, le ciel est couvert. Toute la nuit les marins du yacht veillent, craignant un abordage, car le voisinage de la tartane, qui n'a point d'équipage à bord, est inquiétant ; à chaque instant le bout-dehors de l'*Euxène* menace de s'engager dans la draille de sa voisine.

Jeudi 24 Mai. — Au jour le vent est tombé : il souffle légèrement de l'Est : le ciel est à moitié couvert, à l'horizon de nombreux cirrus et cumulus ; la mer est houleuse.

A six heures et demie les directeurs de la madrague donnent le signal du départ pour la pêche. On s'embarque ; nombreux sont les amateurs venus pour assister à la bataille; quelques femmes même ont amené de tout jeunes enfants ; tout ce monde crie, s'agite, se presse, transborde, et enfin s'installe : dans ce mouvement une femme tombe à l'eau, on la repêche au milieu des lazzi et on l'envoie se sécher au grand air.

Le petit vapeur de la compagnie prend tous les bateaux à la remorque.

A mesure que nous avançons le panorama se déploie : devant nous le large ; — derrière, au Sud-Est, Porto-Torrès un peu dans la brume et le mont Elva ; — au Sud, la tour massive delle Saline qui sert de corps de garde aux douaniers ; — à l'Ouest, le rectangle formé par les habitations basses des pêcheurs attachés à la madrague ; à deux cents mètres plus loin, sur le rivage, la maison des directeurs, l'usine à préparation du thon et les divers établissements de l'exploitation ; à quatre kilomètres enfin le hameau d'Intistinu où habitent les pêcheurs de la madrague lorsque la saison des thons est passée et qu'ils se livrent à la pêche pour leur propre compte ; — au Nord-Ouest et au Nord, les belles rades des Fornelli et de la Reale et la verdoyante Asinara.

Aujourd'hui la pêche ne peut avoir lieu, les thons s'obstinant à ne point passer dans les chambres ; après être inutilement resté plusieurs heures les yeux fixés sur le fond de la mer, le capitaine Razetto donne le signal du retour. Les visiteurs sont désappointés ; les pêcheurs au contraire ne paraissent point fâchés de ce contre-temps, je soupçonne qu'ils sont contents de ne pas être obligés de travailler le jour de la grande fête du pays.

C'est aujourd'hui en effet la Fête-Dieu. Tous les ans, à pareil jour, les paysans des environs ainsi que de nombreux habitants de Porto-Torrès et même de Sassari accourent au hameau de la madrague delle Saline pour entendre les offices, boire, chanter, danser le national douro-douro, voir les courses de chevaux et surtout pour assister à la pêche des thons.

Mais, cette année, par suite du mauvais temps les visiteurs sont peu nombreux.

Dans la journée le temps se remet, le baromètre remonte à 757 m/m, la mer tombe, le vent s'apaise.

Nous profitons de l'embellie pour nous rendre au hameau d'Intistinu situé à quelques kilomètres à l'Ouest de Torre delle Saline. Intistinu dépend de la commune de Sassari ; l'administration y est représentée par un fonctionnaire qui est en même temps chargé de la poste, de l'école et du service de l'état civil. Ce Monsieur, ravi de la venue de son ami, M. Gervasio C., nous fait d'abord déguster un excellent vin de Malvoisie, produit du pays ; il nous mène ensuite visiter son école.

La salle de classe est propre, très-éclairée, confortablement meublée, et assez vaste pour les quarante élèves, garçons et fillettes, qu'elle doit contenir. Je suis d'autant plus étonné de trouver une aussi belle école dans ce pauvre hameau de pêcheurs que j'ai lu et entendu dire qu'en Sardaigne 25 0/0 seulement de la population savait lire et écrire.

Au mur je remarque une belle carte de l'Italie où la Corse est indiquée comme province italienne ; ne manquez pas de signaler la chose à M. Brachet, me fait-on malicieusement observer.

Nous parcourons ensuite le village : les rues très larges, sont bordées de maisons blanches comprenant chacune un rez-de-chaussée et une citerne. Chaque famille possède son chez soi, car la coutume du pays est que le mari apporte en dot une maison et que, de son côté, la future fournisse les meubles.

La population est composée des anciens pêcheurs de l'Asinara expropriés par le gouvernement italien ; comme nous le verrons plus loin, ces pêcheurs forment les équipes, la chiourme, de la madrague lors du passage des thons ; le reste du temps ils se livrent à la pêche de la langouste pour le marché de Nice ; ils montent de belles et solides barques gréées à la latine.

Nous nous hâtons de rentrer au hameau delle Saline pour pouvoir assister aux courses de chevaux ; à notre arrivée elles sont terminées. Nous ne pouvons qu'admirer les belles bêtes qui ont couru : les chevaux sardes sont de bons et solides animaux, assez élégants de formes ; plus grands que les chevaux corses ils leur sont toutefois inférieurs comme solidité de sole ; habitués aux terrains calcaires ils deviennent assez souvent sujets aux seimes lorsqu'on les transporte sur un terrain granitique.

La plupart des montures des paysans sont munies de selles doubles pour pouvoir porter un homme et une femme ; les étriers sont en forme de babouches.

Cette année, par suite du mauvais temps, la fête n'est guère animée. Comme demain doit avoir lieu la bataille des thons, les directeurs de la madrague se promènent au milieu de leur personnel pour le surveiller ; on voit d'ailleurs peu d'ivrognes ; l'autorité est représentée par deux carabiniers royaux.

25 *Mai*. — Ce matin, à quatre heures, nous descendons sur

la plage ; la mer est calme ; le ciel, d'abord nébuleux, est vite éclairci par le soleil levant.

Tout le monde est bientôt prêt ; aujourd'hui les visiteurs sont peu nombreux, les pêcheurs restent pensifs et sérieux ; aussi le départ est-il moins bruyant que la veille.

Le remorqueur, qui depuis longtemps nous attend sous pression, entraîne à sa suite tous les bateaux. Le train se déploie, s'allonge ; il comprend treize embarcations : deux rimorchi, deux vascelli, deux paliscarmes (paliscarmotti), quatre bastarde, une musciarra, une musciaretta, un barbariccio.

Le rimorchio est une forte barque qui est gréée d'un matereau avec palan pour hisser les filets de la madrague; son nom vient de ce qu'on l'emploie sur le lieu de la pêche à remorquer le vascello.

Le vascello, la plus importante des embarcations comme son nom l'indique, est un long et large bateau plat, divisé en compartiments par des filets en sparterie ; les ponts coupés d'avant et d'arrière sont reliés par des passavants sur lesquels, pendant la bataille, se tient la chiourme pour harponner les thons, les hisser et les lancer dans la cale ; à chaque escouade composée de six hommes est affecté un des compartiments.

Les paliscarmes sont des bateaux également plats, mais plus petits que les vascelli ; ils servent à amarrer et à soutenir le filet intérieur de la chambre de mort.

On appelle *bastarde* les embarcations des pêcheurs, de la chiourme ; elles sont employées pour toutes les manœuvres préparatoires avant la bataille, par exemple pour ouvrir et fermer les portes des chambres.

La musciarra est la barque du reis et des musciarrieri.

Le reis, comme au moyen-âge, le roy de la galée, est le chef de la chiourme ; c'est lui qui dirige la pêche et qui commande pendant la bataille.

On désigne sous le nom de musciarrieri des sous-reis, des chefs d'escouades ; ce sont de vieux marins, des pêcheurs d'élite, qui forment une espèce de conseil de pêche.

Le mot chiourme n'a nullement conservé sa signification déshonorante d'autrefois; la chiourme comprend tous les hommes de la madrague employés sur mer. Ce sont, en général, de braves et honnêtes marins d'origine génoise, qui, la saison des thons terminée, s'adonnent à la pêche de la langouste dans le golfe d'Asinara.

La musciaretta est une barquette sur laquelle se tient le reis au moment de la bataille.

Enfin, le barbariccio est un bateau de service qu'on emploie à porter les ordre du reis, à transborder les hommes, à échanger des communications.

La madrague de Torre delle Saline existe depuis près de deux cents ans ; elle a été établie par les Génois du temps de la domination espagnole en Sardaigne, sous le règne de Philippe V. Actuellement elle appartient à MM. Anfossi, Biggio et Pretto, de Gênes.

La direction en est confiée à M. Razetto, capitaine au long cours, et à MM. Biggio et Pretto fils.

M. Razetto est un vieux marin, d'une grande expérience, chargé principalement du service technique ; MM. Biggio et Pretto sont deux jeunes gens de vingt-cinq ans au plus, intelligents, instruits et très affables.

La Société possède une longueur de côtes de cinq kilomètres, elle paie annuellement au gouvernement italien une redevance de huit mille lire.

Mais, pendant que je prends des notes, nous voici sur le lieu de pêche, à environ deux milles de terre. Nous rencontrons d'abord les bouées d'orin des grosses ancres qui assujettissent les filets: il faut, on le comprend, déployer une force considérable pour pouvoir résister à la violence de la mer, si souvent agitée dans le golfe d'Asinara.

A la suite du formidable coup de vent d'Est que nous venons d'essuyer et qui n'a occasionné que des dégâts insignifiants tels qu'enchevêtrements de lièges, nous pouvons constater que la madrague est d'une solidité à toute épreuve. Levante et scirocco, quelle que soit leur violence, sont ici les bienvenus, car ils chassent les thons dans les filets.

De même, ni les marsouins ni leurs congénères n'endommagent la madrague, ces cétacés ne forçant point habituellement l'obstacle mais sautant par dessus ; au contraire, comme ils poursuivent les thons, ils forment d'excellents rabatteurs.

Nous apercevons ensuite le corps de la madrague : les carrés des chambres se dessinent à la surface des flots ; l'ensemble représente un long rectangle s'étendant de l'est à l'ouest.

La partie supérieure des filets, espèce de ralingue formée de gros filins en sparterie, est soutenue à la surface de l'eau par des batelets et des flottes de liège ; la partie inférieure est maintenue au fond par des aussières frappées à des ancres ou amarrées à de grosses pierres ; la hauteur des filets est de cinquante mètres.

La madrague est reliée à la terre par sa queue, filet vertical qui, tendu en droite ligne, forme un barrage immense s'étendant dans la direction N.E–S.O, sur une longueur de trois kilomètres ; c'est la barrière qui arrêtera les thons dans leur migration et les forcera à se diriger vers les chambres.

Les chambres sont en nombre de sept ; voici leurs noms en partant de l'est : la levante, il bordonarello, la grande chambre divisée en deux parties, la batarde, la chambre de l'or, et la chambre de mort, appelée en France le corpou.

La chambre d'entrée, la levante, est signalée par une grande croix en fer.

Toutes les chambres communiquent entre elles par des portes en filets qui sont constamment ouvertes, sauf toutefois la porte de la chambre de mort qui reste fermée et ne s'ouvre que sur l'ordre du reis.

La chambre de mort, outre ses parois tombant verticalement, est munie d'un second filet intérieur en forme de sac, dont le fond, appelé coûture, ne laisse échapper aucun prisonnier à travers ses mailles étroitement serrées.

La longueur totale des filets de la madrague dépasse quatre kilomètres, sur une hauteur moyenne de cinquante mètres ; ils sont fabriqués en sparterie, et non en chanvre, par des spécialistes d'Alassio. On ne les laisse à l'eau que durant la période de pêche, un peu plus de trois mois ; la saison terminée on les sort et on les suspend dans des hangars construits à cet effet ; chaque année il est nécessaire de remplacer par des morceaux neufs le cinquième environ des filets. Au mois de mai, pour mettre à l'eau la madrague et la caler à son poste, il faut choisir une belle journée où la mer soit calme, avec légère brise du Nord, afin de pouvoir, grâce à la transparence de l'eau, voir descendre les filets.

Nous sommes montés à bord d'un vascello avec les jeunes directeurs ; nous serons ainsi aux premières loges pour assister à l'émouvante Matanza.

Le capitaine Razetto s'en est allé sur la musciarra avec le reis et les musciarrieri. Dès qu'ils arrivent près de la croix en fer qui signale l'entrée de la première chambre, le reis se lève, se découvre et dit à haute voix une prière pour invoquer l'aide de Dieu ; tous les assistants écoutent debout et découverts.

Aussitôt après, les passagers de la musciarra se penchent sur la première chambre pour examiner les fonds ; puis ils visitent successivement les autres divisions.

Pour savoir s'il y a des thons nouvellement arrivés il est d'usage de lancer à la mer un omoplate de bœuf ; les thons viennent curieusement regarder cet os, qui a reçu le nom expressif de fanal.

Mais voici que l'on nous envoie le barbariccio pour nous annoncer que les thons sont arrivés et pour ordonner aux hommes qui sont à bord des rimorchi de passer sur les bastarde.

Les bastarde vont alors prendre leur poste sur le filet qui sépare les deux dernières chambres ; les équipages se tiennent prêts à soulever rapidement, sur l'ordre du reis, les portes qui ferment l'entrée de la chambre de mort.

Les thons dans leurs évolutions se sont avancés de chambre en chambre ; ces animaux, doux et stupides, semblables aux moutons, ont coutume de se précipiter tous par où l'un d'eux a passé ; jamais ils ne tentent de rompre le filet, ni de sauter par dessus, ni de retourner en arrière. Quelquefois cependant, pour les faire entrer dans le corpou, on est obligé de les pousser doucement avec une engarre, filet mobile tendu verticalement.

Nous apercevons déjà du remous dans la chambre de l'or ;

les pêcheurs commencent à manifester leur contentement.

A 5 heures cinquante le reis donne ordre d'entrouvrir les portes.

A 6 heures nouveau pronostic d'une bonne pêche : une bande de marsouins arrive en sautant, on espère que pour fuir leurs ennemis l'arrière-garde des thons va se précipiter dans les filets.

A six heures vingt minutes signal de fermer les portes, les thons sont passés.

Pour s'assurer toutefois qu'il ne reste point de retardataires le reis et ses compagnons recommencent l'inspection des chambres. A six heures cinquante on entrouve encore un moment les portes ; à sept heures on les ferme définitivement, la matanza va commencer.

Tous les hommes de la chiourme se réunissent sur les bastarde et les rimorchi, et commencent à se déshabiller pour se vêtir en toile blanche afin de pouvoir, après la bataille, laver facilement le sang dont ils seront inondés.

A sept heures et demie le reis ordonne le branle-bas général. A bord du remorqueur, pour prévenir les employés de l'usine, on hisse un pavillon signalant le commencement de la pêche. Chaque bateau est conduit à son poste de combat : les vascelli, l'un au nord, l'autre au sud, occupent chacun un côté du rectangle formé par la chambre de mort ; au levant, comme au couchant, un paliscarme, un rimorchio et deux bastarde ferment la ligne.

Un des côtés du filet intérieur est solidement amarré à demeure sur le vascello du sud ; puis, pour soulever ce filet, on installe des cabestans à bord des paliscarmes et du vascello du nord, tandis que les équipages des rimorchi préparent les palans frappés sur les mâts. Ces dispositions prises, on commence à hisser en cadence.

A huit heure et demie tout travail cesse : le reis se lève, se découvre, et au milieu d'un profond silence invoque l'aide de Dieu en ces termes : « Sia laudato il nome di Jesu, et sempre sia laudato ; se questa pesca sia buona, un'altra sia meglio. » Tous les assistants, debout et tête nue, répondent : « Dio lo faccia. »

Aussitôt le travail reprend avec ardeur : les poulies.

grincent à bord des rimorchi où l'on pèse ferme sur les palans ; des hommes, répartis sur les bastarde et le vascello du sud, soulagent et amènent peu à peu sur les plats-bords les côtés du filet. Le reis ne cesse d'aller et venir, de tourner rapidement dans le carré pour surveiller, gourmander et encourager les travailleurs ; tout le monde crie : « issa, issa ; assumma, assumma. »

A l'intérieur du filet les eaux sont de plus en plus agitées ; les thons commencent à courir effarés de tous les côtés, montant, descendant dans leur étroite prison dont les parois mouvantes se resserrent à chaque instant ; un magnifique espadon à reflets bleu d'ardoise tourbillonne cherchant une issue ; de légères teintes de sang apparaissent à la surface de la mer.

Le reis passe alors sur la musciaretta qu'il fait conduire au milieu de l'enceinte et amarrer solidement avec deux gros filins.

En même temps que le filet monte le rectangle se resserre ; le vascello du sud s'avançant masque les bastarde ; l'arène forme maintenant un carré limité par les vascelli, les rimorchi et les paliscarmes.

Le remous s'accentue.

La chiourme alors, composée de soixante hommes, jeunes, lestes et vigoureux, prend son poste de combat sur les passavants des vascelli ; les chefs d'escouade se placent derrière leurs hommes.

Ces pêcheurs associés par groupes de six sont payés aux pièces ; ils ont par suite intérêt à déployer le maximum d'énergie et d'adresse. Ils s'arment de gaffes munies de crocs acérés ; ces gaffes sont, ou longues pour harponner à la volée le thon qui passe, on moyennes pour le rapprocher du bord et l'y maintenir, ou courtes pour soulever hors de l'eau la capture et la lancer à l'arrière dans le compartiment de la cale affecté à l'escouade.

La mer bouillonne, tourbillonne, les poissons grouillent comme dans une marmite gigantesque ; puis on ne voit plus que de l'écume, enfin on est aveuglé par l'eau.

Le reis laisse d'abord les thons courir, s'agiter, se heurter, se blesser avec leurs queues puissantes, afin qu'épuisés par de vains efforts ils offrent moins de résistance ; puis, quand il juge le moment favorable, il donne le signal de la matanza, de la tuerie, en abaissant l'aviron qu'il tient à la main.

Immédiatement les hommes lancent leurs crocs, saisissent, amènent, hissent et envoient les thons dans la cale des vascelli ; et tout cela au milieu des cris, des apostrophes, des jurons, des imprécations. Les thons bondissent affolés, se ruent les uns sur les autres, se meurtrissent, se blessent, perdant quand ils réussissent à échapper aux terribles crocs des lambeaux de leur chair, et n'évitant un ennemi que pour être harponnés par un autre. Ce n'est plus de l'eau, c'est du sang. Les convulsions des pauvres bêtes font trembler les vascelli.

Au milieu du combat un homme tombe à l'eau ; bien qu'on m'assure qu'il ne court aucun danger j'ai un moment d'appréhension ; personne ne s'occupe du maladroit qui, se cramponnant au filet, remonte tout seul.

Cependant au milieu de ce désordre apparent l'œil du maître est sans cesse à surveiller, ainsi j'entends infliger vingt lire d'amende par un des directeurs à un chef d'escouade qui s'est permis de renforcer son équipe par des travailleurs supplémentaires ; cette pénalité est bien accueillie par la chiourme dont elle sauvegarde les intérêts.

Quoiqu'on en ait dit, le spectacle de cette tuerie n'est point attristant pour plusieurs raisons : d'abord l'esprit et les yeux sont occupés par les péripéties du champ de bataille ; ensuite, on est surtout émerveillé de l'adresse de ces braves marins qui ne songent qu'à gagner honnêtement leur vie sans vouloir faire souffrir de pauvres animaux ; enfin les thons meurent extrêmement vite et hors de la vue des spectateurs.

Au bout de vingt minutes de combat le reis commande de mettre bas les armes ; cet ordre n'est point promptement exécuté, les hommes, emportés par l'ardeur de la lutte et la soif du gain, refusent de s'arrêter les uns avant les autres ; peu à peu cependant les chefs parviennent à se faire obéir.

Le calme revenu, on fait avancer le vascello du sud pour masquer maintenant les rimorchi et resserrer le champ clos ; puis on se remet à hisser le filet. La chiourme, après avoir ramassé les crocs brisés qui traînent à la mer, se disperse sur les vascelli et les paliscarmes ; la matanza recommence.

Les directeurs ont eu la gracieuseté de nous placer près d'un coin appelé le « cantoniere » : c'est le meilleur endroit pour la pêche, les thons y sont facilement poussés et harponnés ; aussi chaque escouade a-t-elle le droit d'occuper à tour de rôle le cantoniere.

Mais les thons deviennent de plus en plus rares, et à neuf heures dix minutes le combat finit faute de combattants ; la tuerie a duré cinquante minutes.

Le nombre des morts s'élève à cinq cent soixante dix, d'un poids moyen de cinquante kilogrammes ; ce qui donne un total approximatif de trois cents quintaux métriques, pêche assez ordinaire, nous disent les directeurs.

Les hommes, après avoir replacé avec soin le filet-sac, se jettent à l'eau pour laver leurs vêtements rouges de sang ; ils vont ensuite se changer à bord des bastarde.

Comme je fais malicieusement remarquer que maintenant on oublie de remercier Dieu, que l'on a su invoquer avant la pêche, les directeurs me répondent que plus tard on célébrera une messe d'actions de grâces.

Le petit vapeur reprend tous les bateaux à la remorque pour les conduire à l'usine. Dès notre départ d'innombrables bandes de mouettes se précipitent à la curée.

En route les hommes commencent à éventrer les thons ; si chaque escouade a pour quote-part, outre son petit salaire, la laitance et les œufs des poissons qu'elle a pris, elle abandonne, selon l'usage, aux propriétaires de la madrague les œufs de la plus belle femelle de son compartiment.

Comme souvenir de cette journée les directeurs m'offrent gracieusement l'épée de l'espadon.

En face de l'usine, à quelques mètres de terre, on amarre les thons, préalablement vidés, à l'avant d'une barque, puis on vient les jeter à la mer par 0m50 d'eau. Des enfants entrent alors dans l'eau, saisissent et amènent à sec sur un plan incliné en pierre ces poissons que des ouvriers accrochent et tirent sous des hangars. Des manœuvres, armés de hâches et de coutelas taillent les têtes et les nageoires qui serviront à la fabrication du dégras. Enfin, des portefaix transportent les corps au pendoir où, après les avoir lavés, on les laisse sécher jusqu'au milieu de la nuit, pour les plonger alors dans des chaudières et leur faire subir en dernier lieu les préparations nécessaires. Grâce à cette division du travail les diverses opérations marchent rapidement.

A terre, la Société de la madrague est propriétaire de deux hameaux. Près de la tour delle Saline, au bord de la mer, on voit un grand parallélogramme formé de maisons basses servant de logements aux marins pendant la saison de la pêche. C'est là aussi que se trouvent une bien modeste église et les habitations du curé et du médecin de la compagnie. A côté, un immense hangar très élevé sert à remiser la tartane et les autres bateaux de la madrague ainsi qu'une partie des filets.

A environ trois cents mètres à l'ouest s'élèvent l'usine avec ses dépendances et les maisons occupées par les directeurs et les ouvriers.

Disons quelques mots du personnel. Les marins, qui composent la chiourme, sont au nombre de soixante, non compris le reis et les sous-reis ; ils reçoivent comme salaire cent francs pour la saison plus la laitance et les œufs des thons qu'ils ont pris. Une journée de pêche comme celle que nous avons décrite rapporte à chaque homme un bénéfice de cinquante francs. La saison terminée, ces marins retournent au hameau d'Intistinu où ils se livrent en général à la pêche de la langouste pour le marché de Nice.

Le reis touche pour la saison deux cents francs comme salaire fixe, plus une part de deux cent cinquante francs par mille barils.

On compte à l'usine cent quatre-vingts ouvriers de toute catégorie, chauffeurs, portefaix, saleurs, ferblantiers, tonneliers ; ils sont logés et nourris et reçoivent un salaire variant de 0 fr. 50 à 1 fr. par jour, plus une part d'un franc par mille barils. Les salaires sont peu élevés, mais il faut ajouter que la plupart du temps le travail est presque nul.

On expédie de Sampierdarena des plaques en fer blanc

coupées et imprimées, les boîtes sont soudées et terminées à la madrague.

Dans le commerce on compte trois variétés de thonnine qui sont, par ordre de mérite, la ventresca, la tarentella, le thon.

Disons en terminant que le capital nécessaire à l'organisation complète et à l'exploitation d'une madrague s'élève à sept cent mille francs environ.

— Mais il faut partir; il nous reste à remercier cordialement les directeurs de la madrague de la bonne hospitalité qu'ils nous ont offerte pendant trois jours, de l'aide qu'ils nous ont apportée lors du grand coup de vent de Levante, et du plaisir qu'ils nous ont procuré par le spectacle de l'émouvante matanza.

A une heure et demie nous larguons notre dernière amarre, et, après avoir salué l'hospitalière terre de Sardaigne, nous nous dirigeons sur l'Asinara où nous voulons nous tenir prêts à prendre la haute mer pour gagner notre port d'attache.

La mer est houleuse, le vent à l'Ouest, le ciel couvert, le baromètre indique 761 $^{m/m}$, le thermomètre est à vingt degrés.

Après avoir tiré à plus de deux milles au large pour parer les filets de la madrague, nous mettons le cap au N. Q. N. E. sur le fond de la rade de La Reale où nous arrivons à trois heures du soir.

A sept heures pluie et vent, le baromètre baisse à 760 $^{m/m}$; nous mouillons une deuxième ancre. Pendant la nuit la pluie et le vent redoublent ; une tartane entre en relâche.

Samedi 26 mai. — A trois heures du matin nous tenons conseil ; le temps a trop mauvaise apparence pour que nous partions ; et cependant, à cinq heures, bien que le baromètre soit descendu à 758 $^{m/m}$, nous levons l'ancre, décidés à relâcher si nous rencontrons trop grosse mer après avoir dépassé l'extrémité nord de l'Asinara ; nous mettons le cap sur Tizzano, point de la Corse le plus rapproché.

Nous avons pris deux ris dans la brigantine et hissé le foc numéro trois.

A six heures nous sommes hors de la rade ; nous trouvons mer houleuse et jolie brise d'ouest. Nous gagnons au vent pour pouvoir, si besoin est, filer vent arrière.

A sept heures quarante-cinq la brise fraîchit, la mer devient forte.

A dix heures le vent, qui a encore augmenté, tourne au S. O. ; la mer est grosse. Bien gouverné l'*Euxène* n'embarque pas une goutte d'eau ; mais le patron, qui tient la barre, a les mains meurtries Je dois renoncer à tirer sur Tizzano et je fais prendre route au N. E. Q. N. du compas, direction de Capo Muro.

Vent en poupe et babord amures nous tombons juste sur la pointe de Capo Muro à deux heures quinze minutes, beau résultat pour notre première traversée en haute mer.

Comme en ce moment nous sommes menacés d'une grenasse nous nous tenons prêts à amener la brigantine ; pas de vent, la nuée se résout en eau.

Devant nous est un grand steamer sans pavillon ; nous le voyons entrer dans le golfe, puis en sortir dix minutes après ; sans doute le timonier s'est cru aux Bouches de Bonifacio ! Pourvu, pensons-nous, qu'il n'aille point donner sur les Moines !

Dans le golfe d'Ajaccio la mer est très grosse ; en approchant, nous remarquons avec surprise qu'on a hissé le cône nord sur la jetée de la citadelle. Enfin, à trois heures et demie nous nous amarrons sur notre corps-mort ; nous avons parcouru soixante milles en dix heures ; c'est, jusqu'à ce jour, la plus longue et la plus dure traversée que nous ayons effectuée à bord de l'*Euxène*.

En résumé, si sur mer nous n'avons pas été favorisés par le temps, nous avons, en compensation, glané dans cette petite excursion des souvenirs agréables et des renseignements intéressants.

SUR LES COTES DE CORSE

Nous avons déjà raconté dans le *Yacht* plusieurs de nos excursions à bord de l'*Euxène* sur différents points de la côte de Corse ; comme cette année nous avons pu accomplir le périple entier de l'île, nous publions un résumé de notre journal de bord augmenté de notes et de renseignements que nous avons recueillis nous-mêmes sur la plupart des ports, des golfes et des calanques. Peut-être cet aperçu général sera-t-il utile à quelques uns de nos confrères en yachting qui désireraient visiter ce pittoresque pays, en chassant durant l'hiver les nombreux oiseaux de passage qui peuplent ses makis et ses marais, ou en faisant au printemps de miraculeuses parties de pêche sur ses côtes poissonneuses.

Après quelques jours de mauvais temps d'Est, les vents ont commencé à souffler assez violemment du nord à l'ouest, puis le mistral a prédominé.

Le 14 juin, voyant que le mistral a perdu de sa force, nous mettons à la voile à cinq heures quarante cinq minutes du matin pour prendre route au sud.

Dans le golfe d'Ajaccio la mer paraît houleuse, le ciel est clair avec quelques cumulus ; le baromètre marque 762 m/m, le thermomètre est à 17 degrés. Nous parcourons près de sept milles dans la direction S. S. O ; mais arrivés à la hauteur de la Castagna nous trouvons grosse mer du sud ouest, et nous sommes trempés par les embruns. Aussi, à sept heures, nous empressons-nous de virer de bord pour revenir nous sécher à Ajaccio.

Dans la journée la mer tombe peu à peu, le vent passe à l'ouest, le baromètre a tendance à hausser.

Le 15 juin à sept heures quarante du matin nous repartons. Comme nous pensons trouver au large les vents de la partie sud, nous décidons de passer cette fois par la côte septentrionale.

Dans le golfe jolie brise de S. S. E, mer houleuse, ciel clair ; le baromètre indique 764 m/m, le thermomètre 19 degrés.

Nous tirons une bordée sur l'Isolella, nous filons ensuite vent arrière jusque dans la passe des Sanguinaires où nous arrivons à dix heures quinze minutes. Nous continuons à naviguer vent en poupe au N. Q. N. O. du compas, les amures à tribord, laissant sur notre droite la Botte de Capo-di-Fieno où nous avons fait de bien fructueuses pêches.

Vers midi la brise mollit un peu, la mer devient forte, nous allons relâcher à Provensale.

Port Provensale, dans le golfe de Lava, est un bon mouillage pour les bateaux de petit tonnage ; comme l'indiquent les Instructions nautiques, on jette l'ancre dans le coin de gauche à une encablure de terre. On voit au S. S. E. le mont Pozzo di Borgo, et au S. Q S. E. le village de Villanova, (appelé Poggio sur les cartes et par M. Sallot des Noyers). Cet endroit est très fréquenté par les pêcheurs d'Ajaccio qui, en hiver, lorsque le temps est mauvais, portent leur poisson à la ville par la route de terre.

Nous descendons sur le rivage à la recherche des pigeons sauvages qu'on nous a signalés ; nous ne rencontrons que des faucons, chasseurs plus dangereux que nous.

Dans la journée la mer tombe un peu, et le vent reprend ; durant la nuit, orages et coups de tonnerre dans la montagne.

16 Juin. — Nous levons l'ancre à quatre heures et demie du matin ; le baromètre est monté à 767 m/m : le ciel est clair et tâcheté de quelques cirrus, la mer agitée, le sommet des montagnes couvert de nuages.

A huit heures le libeccio commence à souffler, la mer calme un peu ; dans la journée la brise fraîchit, aussi, vers deux heures, prenons-nous un ris dans la brigantine.

Nous découvrons successivement — Sagone, que l'on fera bien d'éviter ; en hiver, le mouillage y est mauvais et même dangereux ; en été, le climat y est très malsain ; — le village grec de Carghèse, assez intéressant à visiter en passant, et où l'on peut trouver quelques provisions ; mais il est prudent de ne s'approcher de la marine que par très beau temps ; — la pointe Capo Rosso, où uous apercevons les traces qu'ont laissées sur le roc les boulets lancés par les canonniers de notre escadre de la Méditerranée dans leurs exercices de tir.

Se déploie majestueusement ensuite le rouge golfe de Porto ; de Capo Rosso à Punta Rossa tout est rouge ; au soleil couchant les fameuses calanches de Piana paraissent enflammées.

Au nord et à l'intérieur de ce golfe de Porto se dessine la baie de Girolata où je vins mouiller il y a quatre ans ; les mauvais temps d'ouest m'y retinrent pendant cinq jours.

M. des Noyers donne sur ce mouillage des renseignements peu favorables ; cette opinion est combattue par les marins d'Ajaccio qui jadis venaient souvent ici faire des chargements de charbon. Lors de notre séjour s'y trouvait également en relâche l'aviso chargé des relevés hydrographiques ; malgré grosse mer d'ouest au large nous restâmes tous là en parfaite tranquillité.

A terre, tous les terrains que l'on aperçoit, ainsi que les environs et le fort de Girolata, appartiennent au capitaine Ceccaldi, ancien conseiller général d'Evisa. Près du fort s'élèvent quelques maisons habitées par les bergers et les tenanciers du propriétaire.

M. Ceccaldi est représenté à Girolata par son cousin, qui fait en même temps l'office de capitaine de la Santé ; une fois ses fonctions remplies, cet aimable homme se met en quatre pour les voyageurs et s'efforce de leur rendre le plus de services possible ; sans lui certainement on mourrait de faim et de soif à Girolata.

J'avais entendu dire à Ajaccio que l'île de Gargalo, que l'on rencontre après avoir doublé la Punta Rossa, est peuplée de chèvres sauvages dont la chasse quoique difficile est très attrayante ; aussi avais-je eu soin de demander au capitaine Ceccaldi l'autorisation de chasser ce curieux gibier.

Sur un mot envoyé par le propriétaire, tous s'empressèrent à Girolata de se mettre à ma disposition ; on prépara une embarcation et on envoya d'avance dans l'île quelques rabatteurs. Malheureusement le mauvais temps nous empêcha de mettre notre projet à exécution ; Gargalo est le point de la côte où la grande houle de l'ouest se fait le plus vivement sentir.

Tout le territoire environnant est extrêmement giboyeux ; mais, comme on n'y trouve ni habitants ni maisons, il est impossible d'y chasser sans avoir recours à l'aide de M. le capitaine Ceccaldi, qui vous fait donner avec bonne grâce l'hospitalité sur ses terres.

Lors de notre séjour à Girolata nous dûmes aller souvent à la pêche pour nous ravitailler ; dans les nasses nous prîmes un grand nombre de congres et de murènes ; à la traîne notre patron attrapa beaucoup de blades et de loups ; mais à la ligne de fond nous fûmes moins heureux, peut-être que le poisson de roche fait ici défaut.

Reprenons le large : de Punta Rossa à Calvi se déroule cette région sauvage et déserte que l'on a baptisée du nom de Kabylie de la Corse. Le port de Calvi n'est certes pas l'oasis rêvé ; l'aspect de cette ville génoise entourée d'antiques murailles est pittoresque, mais est loin d'avoir le cachet grandiose de Bonifacio.

Il y a quelques années on pouvait voir tristement errer sur ces remparts de grandes ombres blanches ; c'était des prisonniers arabes déportés à la suite de l'insurrection de 1871 ; le regard perdu dans l'immensité ces exilés ne cessaient de soupirer après la liberté et le retour dans la patrie, qu'en vainqueurs plus généreux nous eussions dû leur faire moins longtemps attendre.

Par suite d'événements récents Bonifacio renaît de ses cendres pour être la sentinelle avancée de la France sur la Méditerranée. Calvi continue à s'éteindre depuis qu'en 1758 le grand Paoli jeta les fondements de l'Ile-Rousse, « plantant, disait-il, les fourches pour pendre Calvi ».

En été, la région est assez malsaine; en hiver, le mouillage de Calvi n'est absolument sûr que pour les petits bateaux.

Les fonds sont assez poissonneux ; Calvi est avec Ajaccio le grand marché aux langoustes.

— Dans cette excursion nous nous empressons de brûler

Calvi, et, passant au large du danger de l'Algajola que l'on a très-parcimonieusement signalé, nous allons jeter l'ancre dans le port de l'Ile-Rousse.

Il est six heures et quart ; nous avons parcouru dans cette journée cinquante quatre milles, tout le temps vent arrière de sud-ouest.

Ce soir, le baromètre est descendu à 766 m/m, le thermomètre est monté à 20 degrés ; le temps est brumeux, les montagnes sont chargées de nuages.

On revoit l'Ile-Rousse avec plaisir, cette ville toute moderne est gaie et coquette ; quand on est un peu fatigué des horizons sauvages, des plaines marécageuses et incultes, des makis sans fin, on vient se reposer avec délice sous les magnifiques platanes de la place Paoli.

Au milieu de cette place s'élève sur une fontaine monumentale le buste du fondateur de la ville. La tête, fine et élégante, rappelant un peu le masque de Voltaire dans son âge mûr, respire l'esprit, l'intelligence et la volonté ; en l'examinant on comprend l'ascendant que dut exercer un pareil gentilhomme sur ses durs compagnons. Diplomate, législateur et soldat, ce fut un fier génie ce Pascal Paoli qui, presque sans ressources dans son île pauvre et inculte, sut résister si longtemps à ses nombreux rivaux, à la cauteleuse république génoise, et à la puissante monarchie française ; ce général des Corses qui « étonna le monde. »

Le port est malheureusement petit ; nous souhaitons vivement qu'on puisse l'agrandir : car nous avons le droit d'espérer que dans un avenir prochain, lorsque le réseau des chemins de fer de l'île sera terminé, le gouvernement français reconnaîtra la nécessité d'organiser un service journalier entre la France et la Corse ; et l'Ile-Rousse est naturellement indiquée comme point d'atterrage.

En effet, dit le commandant Sallot des Noyers dans ses instructions nautiques, la petite ville de l'Ile-Rousse a beaucoup d'avenir, et tend à devenir le port de la Balagne, tandis que Calvi est abandonnée. Il est facile d'augmenter son port par le prolongement de la jetée (ce qui a été fait en partie), tandis qu'il est probable qu'une jetée au bout de la citadelle de Calvi ne ferait qu'ensabler le port encore plus qu'il ne l'est.....»

Située au milieu de la riche Balagne, l'Ile-Rousse est le centre d'un commerce très développé d'exportation et d'importation ; non seulement c'est dans ce port que l'on vient embarquer les huiles d'olive, les cédrats, les citrons, les bois de pin etc, mais c'est également là que descendent s'approvisionner tous les paysans de la région.

Les environs rappellent les riches campagnes de France. Nous conseillons aux voyageurs de pousser jusqu'au couvent de Corbara, où se retira pour un moment le célèbre Père Didon, et d'aller en même temps visiter, dans le voisinage, le curieux monolithe de l'Algajola.

Dimanche 17 Juin. — Nous quittons l'Ile-Rousse à trois heures et demie du matin ; la mer est agitée, le baromètre marque 766 $^{m/m}$; le soleil se lève tout rouge. Nous allons bien doucement, poussés par les courants. A 5 heures s'élève une faible brise de Nord-Est qui nous permet de tirer qnelques bordées jusqu'à huit heures ; à huit heures dix tombent quelques gouttes d'eau qui abattent le vent et calment un peu la mer ; toutefois nous ressentons toujours la houle du Sud-Ouest.

Toute la journée nous nous traînons péniblement le long de cette côte peu intéressante ; pour nous distraire nous faisons la chasse aux guillemots, ces destructeurs de petits poissons.

Après avoir doublé la pointe Mortella où s'élève un sémaphore fermé aux communications, nous entrons dans ce golfe de Saint-Florent dont on a fait de si pompeuses descriptions.

Il est 3 heures 35 minutes du soir, nous n'avons parcouru que seize milles en douze heures.

Nous allons mouiller du côté opposé à la ville dans cet enfoncement étroit qu'on appelle Cala-Fornali. Il y a du fond dans cette calanque, mais il faut avoir soin d'éviter une roche qui se trouve à la pointe sud de l'entrée, près de terre.

Pendant que nous nous amarrons le temps change ; le baromètre est monté légèrement, le ciel d'abord couvert s'éclaircit peu à peu ; à quatre heures s'élève une jolie brise de mistral.

Descendu à terre je commence par aller visiter le phare ; M. le ministre des travaux publics veut bien nous faire savoir qu'à partir du 1er Octobre 1876 on allumera un nouveau feu sur la pointe Fornali.... mais ce que M. le ministre oublie de nous dire c'est que ce phare est « fondé en faveur des marins par la veuve du général Desnouëttes ». Il me semble que c'est un oubli regrettable de n'avoir point mentionné, dans les fiches des Instructions nautiques, le nom de la généreuse bienfaitrice.

Après une course d'une heure et demie au milieu des marais et des étangs j'arrive à Saint-Florent. Quel aspect désolé ! ce n'est point là la vieillesse d'une ville, c'est la mort sans phrases.

Tous les auteurs sont unanimes pour reconnaître que ce bourg, disputé par les Génois, les Français, les Patriotes corses dans la guerre de l'Indépendance, et les Anglais en 1794, fut jadis une des clefs de la Corse ; mais ils diffèrent absolument d'opinions sur l'importance du golfe de Saint-Florent au point de vue militaire dans les temps modernes.

« Saint-Florent, disait Napoléon à Saint-Hélène, est une des situations les plus heureuses que je connaisse. Elle touche à la France, elle confine à l'Italie. Ses atterrages sont sûrs, commodes, peuvent recevoir des flottes considérables. J'en eusse fait une ville grande, belle, qui eût servi de capitale ; je l'eusse déclarée place forte. Elle eût eu constamment des vaisseaux en station. »

« Les sables de l'Aliso, dit l'ingénieur Conte Grand-champs, ont substitué à l'ancien port une plaine marécageuse, et aujourd'hui le vrai port de Saint-Florent est situé dans l'anse de Fornali, de l'autre côté du golfe..... il faudrait, ajoute l'auteur, construire une jetée et un quai de débarquement, amener de l'eau potable et assainir la plage. Ainsi transformé, le port de Saint-Florent sera l'un des plus sûrs et des plus commodes de la côte occidentale. Les produits du Nebbio et d'une grande partie du Cap Corse y afflueront, et il acquerra bien vite une importance réelle. »

Le puissant génie et l'habile ingénieur sont d'accord pour croire leur rêve réalisable ; et peut-être seraient-ils arrivés à leur but en dépensant, sans compter, les millions et les hommes.

Mais, pendant que les théoriciens forment dans leurs cabinets des projets grandioses, les navigateurs en constatent sur les lieux l'inanité.

En deux lignes M. Sallot des Noyers tranche la question : « Saint-Florent n'a que peu de ressources, et le mouillage y est mauvais. Les travaux qu'on y ferait l'ensableraient encore plus probablement. La plaine voisine est marécageuse et donne beaucoup de fièvres malgré les travaux entrepris pour l'assainir ».

On comprend que, depuis, l'ensablement n'a fait que continuer ; il n'y a plus d'eau dans le fond du golfe. Pendant que les hommes songent, la nature agit.

De plus, ce golfe est ouvert en plein aux vents du Nord et du Nord-Est, et le scirocco, tombant des montagnes par lourdes rafales, y souffle souvent avec violence.

Le pays est très giboyeux ; les fonds sont également très poissonneux, aussi les pêcheurs arrivent-ils en grand nombre de Bastia. En hiver, lorsque de grands coups de vent d'Est troublent la mer tyrrhénienne, les pêcheurs bastiais, hissant leurs barques sur des charrettes, les amènent sur la côte occidentale et les lancent dans le golfe de Saint-Florent. En moins de trois heures le poisson est apporté par la diligence sur le marché de Bastia.

Deux bateaux-bœufs de Bastia viennent également ici à la recherche des anchois. Ce sont les mêmes bateaux qui, par les grands vent d'ouest ou d'est, descendent et remontent de concert à la poursuite des bancs toute la côte orientale de l'Ile.

Comme nous sommes dans la saison chaude j'ai soin de me dispenser d'aller visiter l'antique et intéressante cathédrale de Nebbio.

On trouve peu de choses à Saint-Florent ; mais, au moins, les habitants y sont fort aimables et fort obligeants : on nous fournit avec empressement tous les renseignements que nous demandons ; le receveur des postes, bien que ce soit aujourd'hui dimanche, offre d'ouvrir son bureau ; au phare, on nous autorise à renouveler notre provision d'eau ; un berger, qui réside tout près de notre mouillage, nous donne d'excellent lait.

Lundi 18 juin. — Nous levons l'ancre à trois heures et demie du matin ; le baromètre marque 768 $^{m/m}$, le thermomètre 17 degrés ; le ciel est clair ; on sent à peine une légère fraîcheur.

Vers cinq heures, près de la pointe Mortella nous trouvons la mer un peu agitée ; nous faisons route au nord grâce à un léger souffle de vent arrière.

A six heures et demie faibles risées de vent d'est ; c'est à peine si nous pouvons monter la pointe Perallo.

Disons pour abréger qu'à onze heures trente minutes nous n'avons parcouru que treize milles, et qu'il nous faut rester encore plus d'une heure en calme devant Minervio.

Enfin la brise se met au sud-ouest, et à quatre heures dix minutes nous arrivons à l'extrémité du Cap Corse.

Toute cette côte occidentale du Cap est sans abri ; car les marines de Nonza, d'Albo, de Canelle, de Canari, de Giotta, de Pino, ne sont accessibles qu'à de petites embarcations ; quant au port de Centuri il jouit d'une mauvaise réputation bien méritée : même à l'entrée on n'y trouverait pas deux mètres d'eau, de plus le fond est mauvais.

Les caboteurs de cette côte sont des navigateurs de beau temps ; en hiver, ils restent dans leurs villages et cultivent leurs jardins.

Nous verrons plus loin que la côte orientale du Cap n'est guère plus hospitalière.

Mais, par contre, à terre le pays est ravissant ; les deux versants du Cap Corse forment comme un immense jardin couvert de vignes, planté d'arbres fruitiers, d'orangers, de citronniers, de cédratiers, et où s'élèvent de riches châteaux et de gracieuses villas. C'est la patrie des « Américains », ces Capo-Corsins qui s'en vont pauvres dans les Antilles espagnoles ou l'Amérique méridionale pour y faire une grosse et rapide fortune, et qui reviennent riches au pays natal.

Sur le versant occidental, en allant du Sud au Nord, on

aperçoit, successivement, sur le rivage de la mer, — Nonza avec son antique enceinte taillée dans le roc ; — le gros bourg de Canari, où l'on remarque une église dite sarrasine, ainsi qu'un joli tableau sur bois de l'école du Pérugin ; — Minervio ; — Pino ; — Morsiglia, aux crus renommés ; — et Centuri.

Il y a quelques années, en passant dans ce dernier village, je remarquai à la mairie un beau tableau (don du Cardinal Fesch) représentant l'aurore. J'allai ensuite visiter le château et les collections du général comte Cipriani. Ce vieux brave, fort aimable, me raconta qu'il était ami intime de Victor Emmanuel et des Bonaparte, et qu'il avait été en 1849 dictateur des Romagnes. Après m'avoir promené dans sa galerie de tableaux, que je jugeai fort ordinaires, il me fit admirer une pièce rare, le fameux sabre du sultan mamelouk que Napoléon donna à Murat.

— A 4 heures du soir, avons-nous dit, nous nous trouvons à l'extrémité du Cap Corse ; le baromètre n'a cessé de monter, il est à 770 m/m, le thermomètre marque 23°, la mer est belle ; nous ne nous doutons guère du coup de vent qui nous menace.

Nous avons un moment l'intention de débarquer sur l'îlot de Giraglia pour aller voir le phare et tirer en même temps quelques lapins ; nous eussions mieux fait de suivre cette inspiration et de passer la nuit au mouillage de Barcaggio.

En doublant le Cap nous ressentons quelques rafales ; puis la brise faiblit de plus en plus, et nous mettons près de trois heures pour traverser la rade de Sainte-Marie, faire le tour des îlots de Finocchiarola et arriver devant Macinaggio où nous restons en panne jusqu'à 8 heures du soir.

A huit heures le baromètre est descendu de près de deux millimètres, la mer est toujours calme ; nous commençons à louvoyer par petite brise du sud.

A dix heures du soir le vent tourne au Sud-Ouest, et ne cesse d'augmenter jusqu'à souffler en tempête ; après avoir pris deux ris dans la brigantine nous filons vent debout. Bien que nous soyons à l'époque de la pleine lune, comme le ciel est chargé de nuages, l'obscurité est complète.

Au large la mer est forte, nous revenons tirer des bordées un peu plus près de terre.

Sachant qu'au-delà des mouillages de Tamarone et de la Coscia il n'y a aucun abri sur la côte jusqu'à Bastia, nous décidons de passer la nuit à courir bord sur bord devant Macinaggio ; inutile de songer à entrer dans le port de Macinagio qui n'a point deux mètres d'eau et qui fourmille de roches.

Le vent renforcit, nous prenons le troisième ris, et mettons le foc numéro trois ; après une assez longue bordée dans le S. Q. S. E, nous amenons la brigantine pour retourner sur le foc devant Macinaggio ; mais le bateau gouverne mal, nous devons rehisser la grand'voile et continuer à descendre vers Bastia.

Tout d'un coup, à une heure quarante cinq minutes du matin, nous sommes assaillis par une rafale qui nous mange la brigantine ; c'est malheureux, l'*Euxène* tenait à merveille, nous pouvions louvoyer tranquillement jusqu'au jour.

Il nous faut maintenant tâcher d'arriver au mouillage indiqué sur la carte, nous laissons porter ; enfin nous jetons l'ancre dans la baie de la Coscia, à un demi mille du feu de Macinaggio par neuf brasses de fond. Laissant la petite ancre de tribord au bossoir nous amarrons nos deux chaînes (six maillons) bout à bout sur la grosse ancre de babord ; nous mettons ensuite à la mer avec cinquante cinq brasses de filin notre gros grappin, après l'avoir muni d'un orin pour le cas où nous serions obligés d'appareiller promptement. Tout, Dieu soit loué, à bien tenu.

Ensuite, nous nous hâtons d'enverguer notre seconde voile et de la serrer après avoir pris deux ris. Prêts ainsi à tout événement nous nous accroupissons dans l'hiloire ; de temps en temps l'un de nous va jeter un coup d'œil sur l'avant.

Mardi 19 juin. — Au soleil levant le coup de libeccio continue ; le baromètre a baissé de cinq millimètres (765) ; le thermomètre est à 21 degrés.

Vers dix heures le vent paraît se calmer, mais à midi il reprend de plus belle ; il souffle en tourbillons jusqu'à deux heures et nous lance à bord de petits morceaux de bois ; le baromètre descend à 761 $^{m/m}$; la mer est clapoteuse, les embruns inondent le pont.

Au large, trois bricks-goëlettes au bas ris fuient devant le temps.

Nous ne nous attendions pas à un coup de vent aussi violent surtout de la partie Sud, le baromètre n'ayant cessé de monter ; toutefois nous avions remarqué que les marsouins sautaient beaucoup, et que le soleil ainsi que la lune étaient tout rouges à leur lever comme à leur coucher.

A quatre heures du soir le vent commence à calmer ; la mer diminue un peu ; le baromètre a une légère tendance à la hausse ; à six heures et demie le baromètre paraît redescendre, le vent reprend très-fort jusqu'au coucher du soleil pour tomber enfin à neuf heures du soir.

Mercredi 20 juin. — A deux heures du matin le baromètre est stationnaire à 764 $^{m/m}$, le thermomètre marque 19° ; les ancres dérapées et mises à leur poste, les amarrages défaits, il est trois heures quinze ; nous larguons les ris de notre seconde voile et prenons le large.

La mer est presque calme ; au Nord nous distinguons deux voiliers ; le vent paraît épuisé, pendant trois heures nous restons en panne devant Macinaggio. A sept heures s'élève une légère brise de S. E. ; nous tirons une première bordée das l'E. N. E., puis une seconde dans le S. Q. S. O. qui nous porte vers midi à la hauteur du cap Sagro ; à partir de ce point nous rencontrons les vent d'Est qui nous conduisent jusqu'à Bastia.

Le simili-port de Macinaggio, dont nous garderons longtemps le souvenir, sert de marine au bourg de Rogliano et au village de Tomino. Le sous-quartier de Rogliano fournit beaucoup de conscrits à l'inscription maritime.

Je me souviens d'avoir bu, il y a quelques années, chez le maire de Tomino un excellent vin de Tokay. Lors d'un voyage en Hongrie, en 1875, je m'empressai, en passant à Pesth, de demander une bouteille de ce fameux Tokay, « le vin des rois, et le roi des vins » ; on me répondit qu'on ne pouvait me faire boire qu'une imitation de ce cru, le véritable Tokay appartenant à sa majesté apostolique qui n'en donne que sur ordonnance de médecin. Je dus venir en Corse pour goûter enfin du Tokay.

Voici comment les célèbres ceps ont pris racines en Corse. Sous le règne de Napoléon III, un capitaine de frégate M. X, oncle du maire de Tomino, fut envoyé par l'empereur en mission particulière près de S. M. François-Joseph ; dans le courant d'une conversation on vint à parler vignes, et l'empereur d'Autriche, apprenant que le capitaine de frégate était un viticulteur distingué, lui fit cadeau de plusieurs plants de Tokay. Le commandant X. s'empressa d'envoyer chez lui, à Tomino, les précieux plants qui prospérèrent dans leur nouvelle patrie.

Du large nous apercevons successivement, en descendant sur Bastia, — Meria, où je fis autrefois une petite découverte archéologique qui permit aux savants d'identifier cet endroit avec l'antique Clunium ; — les marines de Cagnano, — de Pietra Corbara, — de Sisco ; — le hameau d'Erbalunga qui semble sortir des flots ; — Lavasina, petite crique fréquentée par les pêcheurs, et où s'élève une chapelle remplie d'ex-voto ; c'est un lieu de pélérinage très en honneur auprès des marins de la côte orientale.

Après être restés en panne pendant deux heures devant Bastia, nous pouvons enfin entrer dans le vieux port où nous mouillons à six heures et demie du soir.

Nous espérions trouver là l'aimable commandant du torpilleur Nᵒ 134 ; mais justement cet officier venait de partir en mission, comme voulut bien me l'apprendre M. le commandant de la marine en Corse.

Dans le vieux port on est moins exposé au vent que dans le port Saint-Nicolas ; malheureusement la vase s'y amoncèle, le fond y diminue tous les jours ; au Nord-Ouest il n'y a plus d'eau.

La partie nord-est occupée par le ponton et les torpilleurs de la défense mobile ; les quais du sud-est au sud-ouest sont réservés aux bâtiments de commerce.

« Dans l'état actuel, dit une fiche des Instructions nautiques, le port Saint-Nicolas est accessible aux navires par tous les temps. » Malgré cette assurance toute ministérielle nous persistons à croire que l'entrée du nouveau port est très difficile et que les navigateurs ne sauraient prendre trop de précautions pour donner dans la passe.

La capitale commerciale de la Corse prend de jour en jour plus de développement ; lorsque la voie ferrée qui la relie à Ajaccio sera terminée, Bastia deviendra sûrement le grand emporium de l'Ile. C'est à Bastia que, dans un avenir prochain sans doute, afflueront les marchandises et les produits industriels et agricoles venant de France et d'Italie, pour se répandre ensuite dans la Corse toute entière par ces quatre grandes artères : ligne du Cap, ligne de l'Ile-Rousse, ligne d'Ajaccio, ligne de Bonifacio.

De Bastia l'on découvre presque tout l'archipel toscan ; la Capraia, l'Ile-d'Elbe, la Pianosa, Monte-Christo. Nous allions mettre à la voile pour parcourir ce groupe d'îles lorsqu'est arrivée la nouvelle de l'assassinat du Président Carnot......

Après nous être reposés à Bastia les 21, 22 et 23 juin, nous levons l'ancre dans la nuit du 24 juin ; le baromètre marque 765 $^{m/m}$, le ciel est clair, la mer belle.

25 juin. — Au jour nous sommes encore devant Bastia ; toute la journée et toute la nuit nous louvoyons à petites bordées ; la brise est très faible, le ciel alternativement clair et brumeux.

26 juin. — A quatre heures du matin nous sommes en face du phare d'Alistro ; nous n'avons parcouru que vingt-sept milles. Bien que le vent se mette alors au nord-est nous avançons si doucement qu'il nous faut près de vingt-quatre heures pour arriver à l'entrée du golfe de Porto-Vecchio.

27 juin. — Doublant la pointe Saint-Cyprien nous entrons dans cette belle rade de Porto-Vecchio que nous désirons voir depuis tant d'années.

Au moment de prendre notre mouillage, nous sommes assaillis par une violente rafale qui nous brise un petit morceau de l'extrémité du pic ; nous jetons l'ancre à cinq heures et demie du matin par cinq mètres d'eau.

Porto-Vecchio, dont l'aspect est assez original grâce à ses antiques murailles et à ses tours, après avoir été une importante citadelle sous la domination génoise, paraissait il y a quelques années en pleine décadence ; maintenant, depuis qu'on a réussi à y amener l'eau de la montagne, ce bourg semble reprendre une vie nouvelle. La région d'ailleurs est très-riche et très-fertile ; les produits de nombreuses forêts de chênes-liège et de magnifiques bois d'oliviers alimentent principalement le commerce de Porto-Vecchio.

Depuis quelques années on a beaucoup parlé en France du golfe de Porto-Vecchio ; publicistes et journalistes ont à l'envi préconisé l'établissement dans ce golfe d'un grand port militaire : on a fait valoir l'utilité d'un port de refuge et de ravitaillement pour nos escadres, et la nécessité d'opposer un rival à la formidable Maddalena.

On n'avait point l'air de se douter que Porto-Vecchio est malheureusement sur la côte orientale de l'Ile, et que les navires, qui s'y réfugieraient, entreraient dans une véritable souricière dont les portes seraient vite closes par une nuée d'adversaires accourus de toutes parts.

Aussi le gouvernement français a-t-il fait la sourde oreille ; il ne s'est point empressé de jeter les millions sur un point très insalubre, privé de toutes ressources, et à propos d'un port dont la profondeur est médiocre, où le mouillage est mauvais, et que les apports de l'Oso et du Stabiaco ne cessent d'ensabler.

Toutefois, il semble que cette question de Porto-Vecchio, de Bonifacio et de leurs environs, eût pu être envisagée autrement. Ainsi, cette extrémité méridionale de la Corse devrait être le repaire d'une escadrille de torpilleurs, qui surgiraient à l'improviste de toutes les calanques et de toutes les criques pour harceler les navires ennemis, et qui, en cas de poursuite ou d'avaries, viendraient se réfugier sous la protection de quelques batteries de côtes installées, sans fortes dépenses, soit à l'entrée, soit à l'intérieur des golfes. Ces torpilleurs joueraient, en cas de guerre dans la Méditerranée, le rôle que remplirent jadis si brillamment dans l'Océan et dans la Manche les corsaires bretons et normands.

On nous objectera que quelques torpilleurs sont déjà attachés à la défense de la Corse ; nous répondrons qu'il ne s'agit plus seulement de la défense spéciale d'une région, mais qu'il est nécessaire de surveiller une étendue considérable de côtes et de connaître de loin tous les mouvements d'un adversaire puissant par le nombre, la rapidité et l'armement.

Nous pouvons donc demander avec raison que le nombre des torpilleurs soit considérablement augmenté en Corse, et que l'on veuille bien continuer la construction de batteries sur les côtes. Peut-être aussi serait-il urgent de former dans l'île des équipages de réserve pour les torpilleurs ?

Il ne faut point se dissimuler que depuis quelques années la marine italienne a fait d'énormes progrès. L'opinion publique en Italie est maintenant passionnée pour les questions maritimes ; chaque jour, tous les journaux de la Péninsule donnent des nouvelles ou publient des articles se rapportant aux constructions navales, aux mouvements de la flotte, ou aux fortifications des ports militaires.

« Notre marine, disent les italiens, est notre orgueil, notre espérance. »

Pour résumer en quelques lignes les sentiments de la nation toute entière je citerai les lignes suivantes extraites du *Filonauta*, petit manuel publié à l'usage des yachtmen italiens : p. XI.... « coloro che non possono capire un'Italia forte e ricca se non a patto che tale divenga e si manifesti sui mari e per via del mare...... ; page XV. Poichè se l'Italia non pensa ad espandere la sua azione sul mare è destinata a scomparire del mondo politico. non potendo esistere come nazione se non a patto di essere grande appunto sul mare. Questo è fortunamente anche il concetto dell'onorevole Crispi...... — Conclusione : L'Italia risorta ha bisogno di una strapotente marina ; è l'unica condizione necessaria al suo ingrandimento..... Al mare, dunque al mare ! O Italiani, al mare ! »

Actuellement les italiens possèdent les cuirassés les plus grands et les plus rapides, les canons les plus gros, de nombreux et d'excellents torpilleurs.

Pour la construction des torpilleurs l'Italie n'est plus tributaire de l'étranger : lors de mon paysage à Livourne j'ai visité de nouveaux modèles établis par Odone.

Il y a plus, les chantiers italiens travaillent maintenant pour les puissances étrangères ; j'ai vu chez Orlando de

Livourne un croiseur commandé par le gouvernement marocain.

28 juin. — Comme il fait à Porto-Vecchio une chaleur accablante, nous nous empressons de lever l'ancre à une heure du matin ; la mer est calme, le ciel un peu brumeux, le baromètre marque 762 $^{m/m}$.

A cinq heures et demie nous doublons la Chiappa, extrémité sud du golfe ; au dehors la mer est toujours calme, c'est pourquoi nous nous faisons débarquer sur les îles Cerbicale pour essayer de tirer quelques guillemots et de ramasser des coquillages.

A sept heures vingt le patron, qui s'est aperçu que la brise accourait derrière nous avec vitesse, se hâte d'amener la brigantine et de nous rappeler à sons de trompe. Nous rentrons promptement à bord ; belle brise de nord-nord-est, la mer devient agitée, le baromètre monte à 764 $^{m/m}$; nous mettons la tente comme fortune.

A neuf heures nous hissons la brigantine après avoir pris deux ris.

A neuf heures trente cinq nous sommes entre Perduto et Cavallo ; faible brise de Sud-Est, la mer calme ; nous amenons la tente, larguons les ris de la brigantine et faisons route au S. S. O. ; en vue un brick-goëlette se dirigeant vers la Sardaigne.

Nous voici dans les Bouches de Bonifacio, parages que nous avons bien souvent fréquentés.

Comme nous avons déjà publié diverses relations de nos excursions à Bonifacio et dans les environs, nous croyons inutile de revenir sur ce sujet ; nous nous bornerons à dire que le gouvernement français vient de faire commencer les travaux d'un nouveau fort.

Nous passons devant Figari, où l'on pourrait en hiver faire d'excellentes parties de chasse et de pêche ; vers trois heures nous nous trouvons à la hauteur de Cala-Fornello, où la carte indique un mouillage que nous conseillons vivement d'éviter.

A trois heures cinq, comme nous allons parcourir une route semée d'écueils, nous jugeons prudent de prendre deux ris ; nous filons doucement entre le Prêtre et le grand écueil d'Olmeto. C'est avec raison que les Instructions nautiques conseillent d'éviter de passer à terre des hauts-fonds des Moines, le balisage de cette région laisse à désirer; si la tour qui signalait le grand écueil d'Olmeto a été reconstruite, la tourelle peinte en blanc du Prêtre d'Olmeto n'existe plus depuis longtemps.

Ce passage franchi nous larguons les ris, et nous nous rapprochons de Roccapina afin de passer entre la terre et les Moines.

La cala de Roccapina, qui fourmille de roches, est difficile d'accès, mais une fois dedans on s'y trouve parfaitement à l'abri ; les fonds sont très poissonneux.

Enfin, à cinq heures quarante cinq minutes nous allons mouiller dans ce port de Tizzano où nous avons fait escale lors de notre voyage à l'Asinara.

Vendredi 29 Juin. — A cinq heures du matin nous mettons à la voile ; et saluant de loin, dans la traversée du golfe de Valinco, ces excellents mouillages de Campo Moro et de Porto Pollo qui nous rappellent d'agréables excursions de chasse et de pêche, nous arrivons vers dix heures et demie sur la pointe de Capo di Muro. Là, suivant la tradition constante, nous trouvons mer grosse et calme de vent ; enfin, après deux heures de ce nouveau supplice de Tantale, nous sentons venir une légère brise du Sud qui nous conduit doucement au port.

DUFOURMANTELLE,
Yacht *Euxène* U. Y. F.

Ajaccio. — Imp. Toussaint Massel.

DU MÊME AUTEUR :

UNE VISITE AU GIBRALTAR ITALIEN ·

(Excursion du Yacht *Euxène* à la Maddalena)

Ajaccio, Imprimerie T. Massel 1893.